APAGANDO A HISTÓRIA

COMO OS FASCISTAS REESCREVEM O PASSADO PARA CONTROLAR O FUTURO

APAGANDO A HISTÓRIA

COMO OS FASCISTAS REESCREVEM O PASSADO PARA CONTROLAR O FUTURO

JASON STANLEY

Tradução de DENISE BOTTMANN

2ª EDIÇÃO

L&PM EDITORES

Texto de acordo com a nova ortografia.
Título original: *Erasing History: How Fascists Rewrite the Past to Control the Future.*

Primeira edição: junho de 2025
2ª edição: setembro de 2025

Tradução: Denise Bottmann
Capa: Kelli McAdams
Preparação: Luiza Pitrez Gressler
Revisão: Mariana Donner da Costa

CIP-Brasil. Catalogação na Publicação
Sindicato Nacional dos Editores de Livros, RJ.

S791a

Stanley, Jason, 1969-
Apagando a história : como os fascistas reescrevem o passado para controlar o futuro / Jason Stanley; tradução Denise Bottmann. – 1. ed. – Porto Alegre [RS]: L&PM, 2025.
224 p. ; 21 cm.

Tradução de: *Erasing History: How Fascists Rewrite the Past to Control the Future.*

ISBN 978-65-5666-579-5

1. Autoritarismo - História. 2. Democracia - História. I. Bottmann, Denise. II. Título.

25-97642.0 CDD: 321.809
CDU: 321.7

Gabriela Faray Ferreira Lopes - Bibliotecária - CRB-7/6643

Rua Comendador Coruja, 314, loja 9 – Floresta – 90.220-180
Porto Alegre – RS – Brasil / Fone: 51.3225.5777

Pedidos & Depto. Comercial: vendas@lpm.com.br
Fale conosco: info@lpm.com.br
www.lpm.com.br

Impresso no Brasil
Primavera de 2025

Para meus filhos, Emile e Alain

Sumário

Prefácio

O sistema soviético nunca comemorou o Holocausto. Isso porque, depois que se define e se identifica um genocídio, torna-se possível reconhecer outros crimes genocidas. O império soviético não queria que aprendêssemos nossa história.

Victoria Amelina, "Nothing Bad Has Ever Happened"[1]

Uma lição que o século passado nos ensinou é que, frequentemente, os regimes autoritários consideram a história uma grande ameaça. A cada oportunidade, esses regimes encontram formas de apagar ou ocultar a história a fim de consolidar seu poder. Por que isso? O que a história faz que causa tanto incômodo para os objetivos autoritários? O mais importante, talvez, é que ela oferece múltiplas perspectivas do passado. A democracia, a grande rival do autoritarismo, requer o reconhecimento de uma realidade em comum formada por perspectivas múltiplas. Expostos a perspectivas múltiplas, os cidadãos aprendem a se ver mutuamente como iguais colaboradores para uma narrativa nacional. E eles aprendem, *nós* aprendemos, a aceitar que essa narrativa está aberta a uma contínua reflexão e reimaginação coletiva, levando constantemente em conta novas ideias, novos dados, novas perspectivas e arcabouços teóricos. A história numa democracia não é estática nem mítica, e sim dinâmica e crítica.

O apagamento da história é útil para os autoritários porque lhes permite que a representem erroneamente como uma única estória, uma única perspectiva. Mas é impossível apagar inteiramente uma perspectiva. Quando os autoritários tentam apagar a história, fazem-no por meio da educação, eliminando certas narrativas dos currículos ensinados nas escolas, e talvez proibindo que sejam contadas nos lares. No entanto, os autoritários não têm como apagar as experiências de vida das pessoas e seus legados, inscritos nos ossos das gerações. É nesse simples fato que sempre reside a possibilidade de recuperar perspectivas perdidas.

Tudo isso se aplica ao autoritarismo em geral, mas se aplica especialmente a um tipo particular de ideologia autoritária: o fascismo, que procura dividir as populações entre "nós" e "eles", invocando diferenças étnicas, raciais ou religiosas. Em meu livro anterior, *Como funciona o fascismo: A política do "nós" e "eles"*, identifiquei um conjunto de táticas que caracterizam a política fascista, entre as quais estão a criação de um passado mítico, o uso da propaganda e do anti-intelectualismo para criar um estado de irrealidade, a exploração de rancores e vitimismos, políticas que dão prioridade à lei e à ordem em detrimento da liberdade, apelos à ansiedade sexual, uma evocação do mito de Sodoma e Gomorra, que sustenta que as cidades são decadentes e repletas de crimes, enquanto as áreas rurais constituem o coração de uma nação, e, por fim, um sistema de valores que classifica os grupos segundo sua suposta capacidade de trabalho, sintetizado no lema hipocritamente usado pelos nazistas, *Arbeit macht frei*, o trabalho liberta.[2]

A ascensão do fascismo contemporâneo representa uma grave ameaça e torna urgente a tarefa de entender seu funcionamento. Entretanto, para entender realmente o êxito do fascismo, é preciso ver não só como ele opera e toma o poder, mas também como obtém legitimidade. Assim, devemos transferir nosso foco da política fascista para o tipo de educação e cultura que confere eficiência a essa política. É aí que o tópico do apagamento da história adquire grande relevância.

Em anos recentes, estudiosos e especialistas começaram a debater se o termo "fascismo" é adequado para designar os movimentos autoritários de direita em ascensão, que estamos vendo por todo o mundo. Aqui, podemos em larga medida deixar esse debate de lado. Quer chamemo-los de fascistas ou não, há uma ampla concordância de que os movimentos sociais e políticos que estamos presenciando na atualidade empregam muitas das mesmas táticas políticas e técnicas retóricas dos movimentos fascistas do passado – instigando grupos violentos de milicianos a ameaçar seus opositores, aparelhando os tribunais com sequazes de um líder ou de um partido, direcionando o ódio contra imigrantes e cidadãos LGBTQ, desmantelando os direitos reprodutivos e usando o ensino para doutrinar os jovens numa narrativa de grandeza nacional, radicada num passado glorioso. Embora algumas pessoas possam discordar da minha decisão de qualificar esses movimentos como fascistas – inclusive pessoas que concordam com minha avaliação do perigo que representam –, considero o termo adequado e continuarei a usá-lo nessas páginas ao me referir àqueles que se engajam em políticas claramente fascistas, com o objetivo de atacar a democracia.

Como esses movimentos antidemocráticos estão em ascensão em todo o mundo, minha esfera aqui é internacional e cobrirá, em vários pontos, culturas fascistas ou autoritárias em países como a Rússia, a Índia, a Turquia, Israel e a Hungria. Mas, dito isso, moro nos Estados Unidos, e meu país servirá como exemplo central. Aqui, como em outras partes, vem ocorrendo em anos recentes uma guerra ideológica que se estende a praticamente todos os aspectos de nossa cultura. A luta ingressa em nossos bairros, nossos tribunais e nossos quartos, mas, em última instância, como mostrarei, encontra sua mais profunda expressão numa de nossas instituições públicas mais igualitárias: nossas escolas. As partes nessa guerra foram, em grande medida, moldadas por duas perspectivas opostas: a daqueles que querem preservar hierarquias baseadas em fatores arbitrários como raça, etnicidade e gênero, e a daqueles que querem derrubá-las.

* * *

Minha avó Ilse Stanley, nascida em 1906, foi criada em Berlim, à sombra da sinagoga da Fasanenstrasse, uma das maiores congregações na Alemanha da época, onde seu pai, Magnus Davidsohn, era o cantor-mor. A sinagoga da Fasanenstrasse praticava a tradição liberal judaica alemã. Tal como uma igreja, ela tinha um órgão. Sua música seguia orgulhosamente a tradição clássica. Minha avó era o arquétipo do judeu alemão assimilado e, a seu ver, a cultura germânica – a cultura de Goethe e Heine – era a dela. Tal cultura era um farol do Iluminismo e do humanismo.

Antes de se tornar cantor-mor, Magnus Davidsohn era cantor de ópera. Ele é mencionado numa biografia do compositor e maestro Gustav Mahler, citando uma conversa dos dois sobre a herança judaica de ambos e a decisão de meu bisavô em trocar o teatro de ópera pela sinagoga.[3] Na época dessa conversa, ele estava cantando uma parte central em uma produção de *Lohengrin*, de Richard Wagner, em 1899, com a regência de Mahler. Mais tarde, seu irmão Max cantaria na mesma ópera, como parte do Festival de Bayreuth, em 1908.

Ilse, que descendia dessa família de cantores de Wagner, se tornou atriz e trabalhou com o grande diretor teatral de Berlim, Max Reinhardt. Também atuou para o diretor Fritz Lang em *Metrópolis*, seu grande filme inovador de 1927.[4] Ela morava numa das grandes capitais intelectuais e culturais do mundo, lar de uma renomada universidade que abrigava luminares como W.E.B. Du Bois, Albert Einstein, Max Planck, Erwin Schrödinger e Max Weber.

No entanto, poucos anos depois, minha família judaico-alemã em Berlim seria expulsa desse paraíso cosmopolita. Como foi possível? Como se deu que minha avó, cujos talentos lhe haviam conquistado um lugar de destaque na cultura alemã, fosse banida do teatro e seus talentos artísticos fossem considerados perigosos e estranhos?

Quando chegaram ao poder na Alemanha, os nazistas colocaram no centro ideológico de seu movimento político uma imagem fictícia do país e de seu povo: uma terra habitada por uma raça pura de arianos, na qual haviam se infiltrado estrangeiros judeus, que tentavam solapar as instituições alemãs e derrubar a superioridade da raça germânica.

No cerne da ideologia fascista, em geral, e da ideologia nazista, em particular, está essa conspiração para a substituição de um grupo dominante. Os nazistas promulgaram leis que eliminavam a cidadania dos judeus alemães, representando-os como um perigoso inimigo interno, e tomaram como alvo o próprio cosmopolitismo exemplificado por minha avó. Sua identificação com a cultura germânica pouco serviu para protegê-la, pois contradizia a narrativa nazista na qual seu papel era predeterminado e imutável. Sua assimilação não era o que queriam os nazistas, e sim exatamente o que estavam tentando impedir. Ao ver dos nazistas, a grandeza da Alemanha se baseava não em seu humanismo abrangente e seu engajamento com a experimentação e a inovação intelectual, e sim em seu caráter ariano.

A Alemanha nos anos 1920 tinha algumas das melhores universidades do planeta, contava com muitos dos principais intelectuais do mundo e estava na linha de frente da modernidade. Por essa razão, um estudo sobre o saque fascista da Alemanha e do êxito da ideologia em transformar a autoconcepção da nação tem muito a nos dizer sobre as ameaças crescentes que hoje enfrentamos. Esse entendimento da nação sobre sua história e sua identidade, preservadas por meio de suas escolas e de sua cultura, se demonstrou muito menos protetor do que muitos acreditavam. Temos de ser cautelosos para evitar esse mesmo entendimento equivocado.

* * *

Para alguns, o *éthos* de abertura e liberdade dos Estados Unidos pode parecer incompatível com o projeto fascista de apagar a história até reduzi-la a uma perspectiva única. Mas esse impulso de eliminar narrativas históricas pode ter muitas motivações distintas, algumas das quais podem ser mais palatáveis do que outras. Considere-se a época da Ameaça Vermelha nos Estados Unidos, nos anos finais da década de 1940 e nos anos 1950, muitas vezes mencionada como era McCarthy, com a caça aos comunistas empreendida pelo senador do Wisconsin. Foi uma época em que simpatizantes de esquerda no ensino superior, nas artes e em outros campos foram publicamente humilhados, denunciados pelo Congresso e demitidos de seus empregos de forma sensacionalista. Essa campanha de censura e intimidação, liderada pelo Comitê de Atividades Antiamericanas da Câmara dos Representantes (do inglês House Un-American Activities Committee, HUAC), estava empenhada principalmente em caçar comunistas, socialistas e qualquer um que pudesse nutrir simpatias pelo adversário do país na Guerra Fria, a União Soviética.

Nesse caso, o empenho do HUAC em apagar e eliminar as perspectivas esquerdistas da academia e de outros espaços era motivado, pelo menos em parte, pela oposição ao autoritarismo da União Soviética – o que, evidentemente, não é de forma alguma uma desculpa para seus excessos destrutivos. A Ameaça Vermelha dos anos 1940 e 1950 foi uma traição dos mesmos ideais de liberdade que os Estados Unidos diziam representar na Guerra Fria. No entanto, o episódio explica, pelo menos em parte, as formas e as razões pelas quais o projeto fascista de apagar a história pode criar raízes num contexto claramente americano.

Hoje, estamos incontestavelmente voltando a algo parecido com a era da Ameaça Vermelha. Políticos e ativistas de direita estão mirando educadores em todos os níveis de ensino por suas supostas ideologias de esquerda, com o objetivo de eliminar qualquer ensino que questione a hierarquia racial ou o patriarcado. Mas essa investida contra a história vai muito além dos conselhos diretores de escolas locais, das secretarias estaduais de educação e mesmo das eleições nacionais. É, de fato, um movimento transnacional com profundos precedentes históricos. E é sintomático de um ataque global maior contra a democracia liberal.

A democracia liberal é um sistema que tem em seu centro os valores da liberdade e da igualdade, no qual todos os cidadãos têm igual valor político – e assim têm direito a igual respeito e dignidade. Com essa liberdade vem a responsabilidade, inclusive a responsabilidade de salvaguardar e aperfeiçoar a instituição da democracia. Os movimentos educacionais progressistas nas democracias liberais têm servido desde longa data para estender esse senso de responsabilidade aos jovens.

A educação, porém, nem sempre serve a essa finalidade – pode ser utilizada também contra a democracia e a serviço da hierarquia. E é exatamente aí que têm sido travadas muitas das batalhas recentes em relação à educação. Numa democracia liberal, sempre haverá (e sempre deveria haver) debates entre visões diferentes sobre o modo de atuação da educação – em questões como o equilíbrio adequado entre a busca de ideais seculares e a preservação de tradições em comum, ou uma maior ênfase para o ensino liberal ou para o ensino profissionalizante. Mas a educação também pode servir de sustentação a uma pauta antidemocrática. Nos casos atuais da Rússia e da Coreia do Norte, podemos ver como os sistemas educacionais ajudam a cultivar uma reverência mórbida pelos líderes, colocando-os acima do império da lei. Em outros países, como a Índia, o sistema educacional é utilizado para colocar os indianos hinduístas acima dos indianos muçulmanos. Em todos esses casos, a educação opera minando a base da cidadania democrática igualitária.

Cumpre dizer que as hierarquias não são intrinsecamente opressoras. Numa faculdade de medicina, por exemplo, um médico assistente ocupa um lugar hierárquico acima dos estudantes de medicina. Este é um exemplo de uma hierarquia epistemológica, baseada no *conhecimento*. O conhecimento certamente pode ser empregado para mascarar a submissão e o controle – um médico pode ser orientado a diagnosticar um rebelde anticolonial ou um manifestante político como portador de uma instabilidade mental –, mas, pelo menos em termos ideais, as hierarquias epistemológicas mais guiam do que oprimem. Uma hierarquia de valor é diferente, servindo para colocar um determinado grupo de pessoas acima de outro ou um indivíduo acima de todos os outros, e é tipicamente utilizada para justificar a dominação de certos grupos ou indivíduos. As hierarquias de valor violam os ideais fundamentais da democracia liberal – e, com efeito, não conseguem admitir um igual status moral e político para todas as pessoas.

* * *

Como este livro trata da cultura fascista, cabe comentar um pouco mais a natureza e o modo de funcionamento das culturas. Tomando uma proposição da filósofa suíça Rahel Jaeggi, podemos pensar a cultura como *uma forma de vida* – uma rede coordenada de práticas, orientações e mitos.[5] As culturas hierárquicas – como o colonialismo, o nacionalismo ou o fascismo – incluem práticas que colocam um grupo acima dos demais. E, como ocorre com todas as outras culturas ou formas de vida, tais práticas são em grande medida moldadas e reforçadas pelas escolas.

Todo sistema educacional envolve um apagamento – é simplesmente impossível ensinar tudo. Mas há certos *tipos* de apagamento que são constitutivos de sistemas autoritários. Por exemplo, os apagamentos dos movimentos sociais pela democracia, como aquele realizado pelo governo chinês quanto aos protestos e ao massacre na praça Tiananmen em 1989, ou o apagamento dos levantes Black Lives Matter de 2020, realizado pelo estado da Flórida no programa de um curso de estudos sociais.[6] Ao remover do programa do curso a história dos levantes contra o status quo corrente (ou, em primeiro lugar, não permitir que se ensine história), os autoritários deixam os alunos com a impressão de que o status quo nunca foi – e não pode ser – contestado.

1

Como criar uma autocracia

São professores que vencem as guerras.

Vladimir Putin[1]

Num presciente discurso de 1995 na Universidade Howard, intitulado "Racismo e fascismo", a autora Toni Morrison, agraciada com o Prêmio Pulitzer, alertou sobre as forças dentro dos Estados Unidos que estavam "interessadas em soluções fascistas para problemas nacionais".[2] Essas soluções fascistas, explicou ela, envolvem representações e práticas – em outros termos, o que os fascistas dizem ou acreditam, e o que fazem. Como assinalou Morrison, as representações e as práticas podem se reforçar mutuamente. As representações podem fazer com que práticas que de outra forma seriam inaceitáveis pareçam normais e justificadas, ao passo que práticas podem fazer com que representações pareçam, retrospectivamente, adequadas. A representação dos imigrantes como criminosos perigosos justifica a prática de encerrá-los em grandes centros similares a prisões; estando lá, o fato de estarem presos leva alguns a concluírem que eles devem ser perigosos.

Para entender o poder que o fascismo é capaz de empregar no campo educacional, primeiramente é necessário entender algumas de suas representações e práticas. Segundo o teórico político nazista Carl Schmitt, "[a] distinção política específica a que se podem reduzir as ações e motivações políticas se dá entre amigo e inimigo".[3] Ou seja, para os fascistas, ser político significa se definir contra um inimigo. Assim, os regimes fascistas eliminam direitos de certos segmentos da própria população e os lançam violentamente a uma "semicidadania", como diz a filósofa política Elizabeth F. Cohen, a fim de ressaltar a virtude e o valor do grupo dominante.[4]

Os regimes fascistas também são tipicamente organizados em torno de um líder carismático – e formam culturas sociais e políticas centradas naquele líder, que é tido como o protetor poderoso e violento da nação. Vladimir Putin, da Rússia, é um claro exemplo contemporâneo. A Rússia inteira está centrada em torno do comando de Putin, e Putin é representado como o poderoso líder varonil em cujos ombros se apoia a grandeza russa. Mas o fascismo também pode dispensar lideranças. O Sul dos Estados Unidos sob o sistema Jim Crow* de segregação, por exemplo, era governado por uma forma de fascismo racial que se baseava não num líder individual poderoso, mas em grupos descentralizados de milicianos e terroristas. Para entender plenamente a ameaça fascista iminente hoje, devemos prestar cuidadosa atenção a movimentos fascistas que não se baseiam necessariamente na reverência pelo líder.

---

* Sistema Jim Crow é como era chamado um conjunto de leis locais e estaduais aprovadas a partir do final do século XIX nos estados do Sul dos Estados Unidos, após a Guerra da Secessão (1861-1865), que acabou com a escravidão no país. Essas leis instituíam, na prática, a segregação da população afro-americana em todos os âmbitos da vida social, como escolas, transportes públicos e Forças Armadas. (N.E.)

Como quer que seja conduzida, uma cultura ou uma forma de vida fascista costuma ter determinadas características que a tornam um ambiente ideal para a política fascista. Essas culturas, por exemplo, elevarão um grupo de pessoas já dominante a um status mítico, exaltando-as como "o povo" que constitui a nação, e relegando as outras a uma cidadania de segunda classe. De uma perspectiva fascista, o igualitarismo é uma ameaça porque promete derrubar essa hierarquia. Essa ameaça é sentida tão agudamente que os fascistas são levados a se alegrar com a crueldade contra os que estão fora desse grupo e outros que se beneficiariam de uma maior igualdade. Uma forma de vida fascista é permeada pelo medo de que outros alcancem o mesmo status, possibilidade essa cinicamente explorada na política fascista.

Uma forma de vida fascista também tem certas exigências. A mais importante delas é, talvez, um sistema educacional que possa validar o status elevado do grupo dominante como consequência histórica justificada, e não como resultado forjado a partir de escolhas intencionais. E o sistema educacional faz isso, como veremos, manipulando o registro histórico, apagando perspectivas e acontecimentos que podem ser pouco lisonjeiros para o grupo dominante e substituindo-os por uma versão unitária, simplificada, que dá sustentação a seus fins ideológicos.

Em anos recentes, por exemplo, os Estados Unidos têm visto uma onda de interferências políticas de direita no ensino, concentradas em banir certos conceitos, autores e livros das bibliotecas e currículos escolares. O objetivo tácito dessas exclusões é apagar as perspectivas e as histórias de grupos marginalizados, com destaque especial à história dos americanos negros, cujos antepassados foram escravizados e brutalmente subjugados neste país.

Tais exclusões têm como alvo especial conceitos e teorias utilizados para explicar como funciona essa subjugação, sua mudança ao longo do tempo e sua persistência até a data de hoje, e as formas possíveis de contestá-la – conceitos como racismo estrutural, interseccionalidade e teoria crítica da raça. O conceito de racismo estrutural, por exemplo, é visado como alvo porque ele explica a subjugação racial não em termos de fanatismo individual, mas como resultado de sistemas e práticas subjacentes – seja na moradia, no ensino, no sistema bancário, no policiamento ou no direito penal. Ele explica, por exemplo, que a desigualdade econômica observada entre os grupos étnicos nos Estados Unidos (que é tão extrema que os americanos negros possuem apenas cerca de 15% da riqueza dos americanos brancos) é fruto de políticas racistas como a discriminação na concessão de empréstimos bancários e no fornecimento de serviços públicos em determinados bairros. O conceito de interseccionalidade, introduzido pela professora de direito Kimberlé Crenshaw, revela os danos especialmente agudos infligidos a grupos que estão na interseção de múltiplas opressões.[5]

A teoria crítica da raça é o estudo desses conceitos e surgiu a partir do trabalho de teóricos do direito americano nos anos 1980 e 1990, incluindo sobretudo o professor Derrick Bell, da Faculdade de Direito de Harvard, a professora Patricia J. Williams, da Universidade Northeastern, e a professora Crenshaw. Na retórica dos que tentam bani-la, a expressão "teoria crítica da raça" se transformou em algo totalmente dissociado de seu verdadeiro significado e é imaginada como uma espécie de sistema para dividir os grupos em categorias de opressor e oprimido, com a finalidade de impor aos brancos um sentimento de culpa permanente e debilitante pelos malfeitos de seus antepassados.

Ao apagar esses conceitos ou ao transformá-los em slogans vazios, a recente campanha de direita pela supressão educacional procura eliminar um meio importante de entender a história negra. Mas a teoria crítica da raça e a história negra são indissociáveis. A história é o estudo não só de fatos e pessoas, mas também das práticas, estruturas e instituições que lhes dão forma. Sem explicar essas forças, a história se torna rasa e maleável – ideal para ser manipulada pela política fascista.

Os fascistas, quando tentam reescrever a história, às vezes alegam que estão apagando apenas teorias e interpretações da história que, dizem eles, são tendenciosas, e não os eventos históricos em si. Mas eles sabem muito bem que suas intervenções resultam no apagamento dos próprios eventos, bem como dos padrões por eles formados. Em seu celebrado livro de 2021, *America on Fire*, a historiadora Elizabeth Hinton identifica um padrão recorrente na história americana da metade do século XX, ao qual ela dá o nome de "o ciclo", em que a violência policial e o excesso de policiamento geram rebeliões nas comunidades atingidas por essas práticas. Esse padrão, explica ela, "ajudou a definir a vida urbana em comunidades negras, mexicanas e porto-riquenhas segregadas e de baixa renda" e, ao fim e ao cabo, "pôs essa nação no caminho do encarceramento em massa".[6]

A tese de Hinton se baseia não na teoria abstrata, mas sim numa apresentação das forças e dos acontecimentos históricos que levaram os Estados Unidos ao ponto em que hoje se encontram. Sem essa história, é impossível entender, por exemplo, como e por que os Estados Unidos vieram a ter a maior população carcerária entre todos os países do mundo. O trabalho de Hinton mostra como as instituições – do policiamento urbano à habitação de interesse social e às escolas segregadas e subfinanciadas – incorporaram com suas práticas um status quo racialmente injusto. Em última análise, é impossível ensinar a história do que aconteceu aos americanos negros sem ensinar o racismo estrutural. Quando se banem tais conceitos, o resultado na prática é proibir que as escolas ensinem qualquer versão honesta da história americana.

O Anti-Racist Teaching and Learning Collective é uma organização em Connecticut que reúne professores, organizadores e estudantes a fim de "examinar os efeitos opressores do racismo que moldam o ensino público e a sociedade em geral", como diz o site do grupo. O site também inclui uma série de relatos em primeira mão de professores que apresentam as práticas por eles utilizadas em sala de aula para ajudar a formar um entendimento comum do racismo estrutural.

Marco Cenabre, por exemplo, dá aulas de literatura na Academia de New Haven, uma escola pública de Ensino Médio em New Haven. Numa das aulas de Cenabre, a tarefa dos alunos é estudar a parte do exame para a naturalização americana que se refere aos direitos e deveres dos cidadãos, além de um ensaio clássico de Audre Lorde que aborda as "normas míticas" referentes à idade, raça, classe e sexo.[7] O que a informação sobre os elementos da história americana que um imigrante precisa aprender para se naturalizar americano revela sobre as normas míticas? Será que isso eleva a história de um grupo acima de outras? Permite a normalização de certas concepções equivocadas?

Ruth Terry Walden ensina literatura na Escola de Ensino Médio de Westhill, uma escola pública em Stamford, e concentra seus cursos sobre temas de protesto, resistência e ação direta. Na sala de aula, pede que os estudantes pensem nas razões pelas quais o povo, durante a era colonial, começou a ver os britânicos como um exército de ocupação e como isso levou à Revolução Americana. Pede-lhes que avaliem essa questão no contexto do movimento Black Lives Matter, como maneira de entender como os moradores negros de Ferguson, no Missouri, podem ter passado a ver a polícia como um exército de ocupação.

Outros professores que fazem parte do CEAA atestam a enorme dificuldade de dar esse tipo de aula sem o apoio dos administradores escolares. Samm Leska, professora na Escola de Ensino Médio Staples, uma escola pública em Westport, explica que seus pares relutam em adotar essas práticas de ensino, pois creem que, caso se tornem alvo de ataques políticos por ministrar aulas sobre temas supostamente controversos, a administração não lhes dará apoio. Visto que o mero fato de mencionar a existência do racismo estrutural é considerado "teoria crítica da raça", todos os professores – exceto os mais corajosos – tendem a evitar a discussão de textos que apresentem aos estudantes pontos de vista negros sobre a história americana. Isso significa que é preciso uma boa dose de coragem para dar aulas sobre as obras da romancista americana negra Toni Morrison, agraciada com o Prêmio Nobel, mesmo nos estados onde isso está dentro da lei.

Não é de surpreender que o empenho de políticos de direita em sufocar qualquer debate sobre o racismo estrutural se estenda naturalmente a um programa para combater os esforços do público geral por corrigir os males causados pelo racismo – e para tolher os esforços em construir uma democracia realmente multirracial que inclua todos os grupos. Uma das formas com que as instituições nos Estados Unidos têm procurado sanar o racismo se dá por meio das chamadas iniciativas de Diversidade, Equidade e Inclusão (DEI). Como seria de se prever, esses esforços muitas vezes se tornam alvo das mesmas forças de direita que investem enorme energia atacando a história e a teoria do racismo. Os argumentos se reforçam mutuamente: se não há racismo, não é preciso fazer nada a respeito.

Em termos gerais, as iniciativas DEI consistem em quaisquer programas em escolas, universidades ou empresas privadas que procurem amenizar os efeitos do racismo estrutural no ensino, na contratação e na missão de instituições em geral. Por exemplo, um programa DEI numa faculdade de medicina pode tentar garantir que os médicos de origem branca e abastada se conscientizem das barreiras estruturais que pacientes de outras origens talvez enfrentem. Esse programa pode, por exemplo, transmitir a médicos sem deficiências ideias sobre as barreiras enfrentadas por pacientes com deficiências.

Assim como fazem com a teoria crítica da raça, os críticos de direita da DEI distorcem deliberadamente esses programas para criar a impressão de que aquelas pessoas que finalmente estão tendo um espaço de inclusão para suas perspectivas – os americanos negros, por exemplo – estão recebendo algum tipo de benefício ilícito ou uma vantagem injusta. E assim, tomam como alvo americanos negros que ascenderam a posições de poder e influência e tentam deslegitimá-los como não merecedores. O objetivo final é justificar uma tomada de instituições, transformando-as em armas na guerra contra a própria ideia de democracia multirracial.

* * *

Desde a derrota de Donald Trump na eleição de 2020 e, sobretudo, ao lançar sua terceira campanha para o cargo, em 2023 e 2024, suas tendências fascistas apenas se intensificaram ainda mais. Ele sugeriu, por exemplo, suspender as proteções individuais da Constituição, defendeu que traficantes de drogas fossem executados, falou em planos de processar seus rivais políticos e investigar jornalistas por traição, disse que alguns migrantes "não [são] gente" e prometeu um "banho de sangue" caso não seja reeleito.[8] Seu controle sobre seus apoiadores tem a forma de um culto clássico ao líder. O Partido Republicano liderado por Trump e o movimento conservador mais amplo reforçaram o apoio a ele, expulsando em larga medida quaisquer dissidentes restantes da ala "Never Trump" [Trump nunca]. Por essas e outras razões, os Estados Unidos, no momento da redação deste livro, são um excelente exemplo ilustrativo a ser utilizado na teorização dos movimentos fascistas contemporâneos.

O Projeto 2025, um programa para o segundo governo Trump, é da autoria de uma série de *think tanks* de direita e outros parceiros, entre eles a Heritage Foundation. O documento de quase novecentas páginas apresenta um plano para evitar o caos e a desordem que impediram Trump de alcançar suas ambições mais extremas durante o primeiro mandato. Segundo uma reportagem do *The Guardian*, o projeto defende "mudar as regras do serviço público federal, o que permitiria a Trump cortar dezenas de milhares de servidores públicos e substituí-los por outros considerados leais à pauta de Trump".[9] A substituição em massa de burocratas e funcionários do governo por outros leais ao líder é uma característica importante na tomada de posse do poder pelos fascistas. Na Alemanha da década de 1930, nos primeiros anos do governo de Hitler, esse tipo de processo de substituição desempenhou um papel tão importante que se cunhou um nome especial para ele, *Gleichschaltung*, que pode ser traduzido por "alinhamento".

O próprio Trump tem sido explícito sobre seus planos para o ensino fundamental e médio e (se possível) para o ensino universitário, designados como "*War on Woke*" [guerra aos progressistas], o que parece quase indispensável, em alguma outra versão, para o momento fascista mundial (como veremos detalhadamente nas páginas a seguir). Apresentado como uma estratégia "Salve a Educação Americana e Devolva o Poder aos Pais", o plano de Trump irá:

- "Cortar o financiamento federal para qualquer escola ou programa que imponha teoria crítica da raça, ideologia de gênero ou outro conteúdo racial, sexual ou político impróprio a nossos filhos"
- "Criar um novo órgão de credenciamento para certificação de professores que abraçam valores patrióticos e entendem que sua tarefa não é doutrinar, e sim educar as crianças"
- "Encontrar e remover os radicais, fanáticos e marxistas que se infiltraram no Departamento de Educação"
- "Manter homens fora de esportes femininos" (Com isso, o plano se refere a proibir estudantes transgênero que se identificam como garotas de participarem de esportes)[10]

Não por acaso uma campanha explicitamente autoritária resolveu dar destaque a esse plano. Os movimentos fascistas se concentram na educação como meio de apagar conceitos e histórias que se interpõem no caminho dos objetivos fascistas.

Muitas das estratégias e metas do plano educacional de Trump já estão sendo testadas em estados com governo conservador. Isso se evidencia principalmente na Flórida, onde os legisladores têm decretado amplas mudanças no sistema universitário. Segundo um relatório especial da Associação Americana de Professores Universitários (AAPU) emitido em dezembro de 2023, "a interferência política no ensino em sala de aula que se iniciou em 2021 tem uma abrangência e uma ambição sem precedentes no estado e na nação, com efeitos potenciais assustadores sobre a liberdade acadêmica do corpo docente".[11] O estado da Flórida é um exemplo, nos Estados Unidos, do que poderíamos chamar de autoritarismo educacional, estratégia usada por políticos para restringir o conhecimento que os educadores podem transmitir, com o objetivo de levá-los, por intimidação, a difundir uma ideologia antidemocrática.

* * *

O autoritarismo educacional é frequentemente acompanhado de restrições mais gerais ao conhecimento e de tentativas de impor representações míticas em lugar desse conhecimento. A educação nazista, por exemplo, enfatizava o mito de que judeus e comunistas teriam traído a Alemanha na Primeira Guerra Mundial. Tal mito, claro, vinha acompanhado por outras práticas autoritárias e antissemitas, inclusive pelas restrições à participação dos judeus na força de trabalho e pelo encarceramento de qualquer um que os nazistas considerassem "marxista".

Os nazistas mantinham um notório controle rigoroso sobre a publicação e a distribuição de livros. O ministro da Propaganda nazista, Joseph Goebbels, mantinha listas de livros a serem censurados por seu caráter "repulsivo" ou "decadente".[12] Hoje, muitos grupos ativistas nos Estados Unidos também estão tentando refrear a livre circulação de livros e ideias, mesmo fora dos muros das escolas – restringindo, por exemplo, as ofertas das bibliotecas públicas locais. Como Deborah Caldwell-Stone, da Associação Americana de Bibliotecas, explicou ao *New York Times* em 2023: "Um ano, um ano e meio atrás, disseram-nos que esses livros não tinham lugar nas bibliotecas escolares e que, se as pessoas quisessem lê-los, podiam ir a uma biblioteca pública... Agora, estamos vendo esses mesmos grupos virem às bibliotecas públicas perseguindo os mesmos livros, essencialmente privando todos da possibilidade de escolha de lê-los".[13]

Como o autoritarismo educacional serve para consolidar grupos já dominantes, nos séculos XX e XXI tem sido frequente tomar como alvo pessoas LGBTQ, sob a pecha de serem, de algum modo, intrinsecamente decadentes ou obscenas. A Rússia sob Vladimir Putin fornece um exemplo claro. Em 2013, o país aprovou o que veio a ser conhecido como a "lei de propaganda gay", que proibiu a distribuição para menores de dezoito anos de materiais contendo qualquer representação positiva ou mesmo neutra de relações não heterossexuais. Em 2022, Putin assinou decretos ampliando a abrangência dessa lei, proibindo qualquer sugestão pública, mesmo restrita a adultos, de que as relações *queer* sejam normais.[14] Leis bem menos extremas que tratam a identidade LGBTQ como questão problemática têm se tornado uma característica cada vez mais usual dos regimes autoritários também de outros países.

Por todo o globo, os propagandistas fascistas reservam alguns de seus mais sórdidos ataques para a comunidade trans, que, segundo eles, está promovendo uma "ideologia de gênero" definida em termos vagos. Putin, por exemplo, justificou em parte a invasão russa da Ucrânia em 2022, alegando que está combatendo essa ideologia. Numa cerimônia no Kremlin, para anunciar a anexação de quatro regiões ucranianas, Putin apresentou a guerra na Ucrânia como um conflito mortal de valores entre um Ocidente decadente e a defesa dos papéis tradicionais de gênero por parte da Rúsia:

> [...] queremos nós ter aqui, em nosso país, na Rússia, um genitor número um, número dois, número três, em vez de mãe e pai – eles ficaram loucos lá? Queremos realmente que sejam impostas perversões degradantes e destrutivas às crianças em nossas escolas desde os primeiros anos de ensino? Que se martele nelas que existem vários supostos gêneros além de mulheres e homens, e que se ofereça cirurgia para mudança de sexo? Queremos tudo isso para nosso país e nossas crianças? Para nós, tudo isso é inaceitável; temos um futuro diferente, nosso próprio futuro.[15]

Nos Estados Unidos, o ataque aos direitos trans se tornou incessante desde que o movimento conservador se apossou da questão para inflamar suas bases. Segundo um relatório do advogado e escritor não binário Heron Greenesmith, no final de 2023 quase metade dos estados americanos, num total de 22, "aprovaram proibições sobre o atendimento médico ou cirúrgico de afirmação de gênero para menores transgênero e não binários" – algumas delas foram suspensas por contestações judiciais, mas muitas entraram em vigor. Em cinco desses estados, dar atendimento médico de afirmação de gênero a uma pessoa menor de idade constitui crime. Em meu estado, Connecticut, estudantes trans podem se aclimatar usando o dormitório de sua escolha. Seus pais dificilmente pensariam em se mudar para algum dos nove estados em que isso é ilegal. Na verdade, famílias que vivem em estados que aceitam pessoas trans dificilmente se mudariam para algum desses 22 estados.[16] Se essas proibições se tornarem nacionais, as famílias de pessoas trans terão de pensar, caso tenham recursos para tal, em deixar os Estados Unidos.

* * *

Os ataques fascistas às pessoas LGBTQ fazem parte de um esforço mais amplo de diminuir ou eliminar as perspectivas consideradas "estranhas". Isso se aplica aos sistemas educacionais não só dos Estados Unidos e da Rússia, mas de países do mundo inteiro.

Ilustremos essa questão com um exemplo que abordaremos extensamente neste livro, o caso da Hungria. Sob seu autocrático primeiro-ministro Viktor Orbán, a Hungria implantou no começo de 2020 um novo Currículo Básico Nacional. O currículo apresenta a literatura húngara como a literatura de populações húngaras étnicas, mesmo as que moram fora das fronteiras do Estado da Hungria de acordo com o Tratado de Trianon, que criou o país, em 1920. O programa de curso inclui estudos temáticos de tópicos como "Trianon na literatura húngara". Exclui a obra de Imre Kertész, único autor da Hungria agraciado com o Prêmio Nobel de Literatura, abrindo mão de um motivo de orgulho nacional a fim de apagar as contribuições de um sobrevivente judeu do Holocausto.[17] E acrescenta ao currículo básico Ferenc Herczeg, um dramaturgo nacionalista de direita de menor importância que foi celebrado e louvado por Miklós Horthy, o dirigente húngaro durante a Segunda Guerra Mundial que estabeleceu a aliança da Hungria com a Alemanha nazista e foi alçado a herói nacional.[18] Revisões prévias do currículo básico ocorridas nos governos anteriores de Orbán já tinham elevado ao panteão autores secundários similares por óbvias razões políticas, como József Nyírő, membro do Parlamento pelo fascista Partido da Cruz Flechada, notório por seu ardente ódio aos judeus.[19] O novo currículo apresenta os dirigentes nacionalistas húngaros de extrema direita como heróis, minimizando ou omitindo totalmente o apoio deles à legislação e às práticas antissemitas.

Em maio de 2022, Orbán reorganizou seu governo e colocou a educação sob a jurisdição do Ministério do Interior, responsável por manter a ordem pela força da lei.[20] Poucos meses mais tarde – logo depois de declarar que a Hungria não se tornaria um país "de raça mista" –, Orbán compareceu como orador principal na Conferência de Ação Política Conservadora em Dallas, no Texas, onde foi ovacionado em pé pelos conservadores americanos. Em março de 2024, Orbán visitou a Heritage Foundation para um evento privado. No dia seguinte, foi recebido por Trump em sua casa em Mar-a-Lago.

Em 2009, tive a oportunidade de passar alguns meses na Hungria, onde codirigi um programa escolar de verão na Universidade Centro-Europeia, em Budapeste. Mais de cinquenta docentes e discentes de todo o mundo se reuniram naquela bela cidade. Na época, a UCE, que fora criada menos de vinte anos antes, em 1991, rapidamente ganhava nome como um importante centro de pesquisa internacional em várias áreas. A grande e emergente universidade ficava no centro de uma grande cidade europeia, com uma atmosfera vibrante e cosmopolita. Vários intelectuais húngaros me asseguraram que o país estava em processo de retomada de seu antigo status de centro cultural, e que a presença da universidade no coração de Budapeste era plenamente natural, um indicador do enorme legado intelectual e do futuro brilhante da Hungria.

Quando voltei para lá no ano seguinte, no verão de 2010, o clima na Hungria havia mudado drasticamente. Pude notá-lo não só entre os intelectuais de Budapeste que eu conhecia, mas também no corpo docente internacional da universidade. Viktor Orbán subira ao poder atiçando uma onda de rancor contra muitas das questões usualmente exploradas por fascistas em ascensão – inclusive, no caso da Hungria, a significativa perda de território que o país sofrera quase um século antes, ao final da Primeira Guerra Mundial, pelos termos do Tratado de Trianon. Orbán atribuiu essa incapacidade de instaurar a "Grande Hungria" à ideologia esquerdista difundida por intelectuais e acusou a Universidade Centro-Europeia em particular como fonte dessa ideologia supostamente anti-húngara. A campanha de Orbán também condenou como falso o consenso, surgido apenas recentemente, de que muitas figuras nacionalistas da história da Hungria tinham sido cúmplices, se não participantes ativos, do fascismo durante a Segunda Guerra Mundial. A fama negativa do nacionalismo húngaro devido a suas ligações com o nazismo, embora claramente documentadas nos registros históricos, foi descartada como calúnia. A campanha foi um grande sucesso, ganhando o apoio de amplos eleitorados.

Na época, eu estava muito mais pessimista do que meus amigos húngaros, que reagiam com resignação às táticas de Orbán. "É apenas política nacional", diziam eles. Meus amigos no corpo docente da UCE também descartaram facilmente a convulsão política, considerando-a um exagero – eles lecionavam numa grande universidade de uma cidade cosmopolita. Seus filhos estavam recebendo um ensino gratuito de qualidade nas escolas públicas húngaras.

Quase uma década depois, em 2019, voltei mais uma vez a Budapeste, para dar a aula inaugural do ano na Universidade Centro-Europeia. A diferença não podia ser maior. Nos anos decorridos desde minha última visita, Orbán tinha revogado a certificação da UCE, o que significava que a melhor universidade da Hungria logo teria de sair do país, e já começara a se mover nesse sentido. Alguns de meus amigos húngaros em Budapeste agora se queixavam das terríveis condições das escolas públicas, em particular dos flagrantes absurdos nacionalistas que seus filhos eram obrigados a absorver.

Nos Estados Unidos, atualmente, começou a se desenvolver uma situação parecida, com ataques de políticos e ativistas de direita às universidades laicas – e ao sistema de ensino público em geral –, que remete à atuação de Orbán na Hungria. Como ocorre frequentemente com a retórica fascista, seus argumentos são oportunistas e incoerentes, condenando as universidades tanto por restringir a liberdade de expressão (de seus aliados) quanto por permitir excessiva liberdade de expressão (de seus adversários). O oportunismo na retórica é uma estratégia política eficiente. Desde 2015, quando o movimento conservador começou a tomar a educação como tema central de sua propaganda, aumentando a frequência e a intensidade desses ataques, eles vêm conseguindo corroer continuamente a confiança dos americanos no ensino superior. O efeito é mais pronunciado entre os republicanos. Segundo pesquisas feitas pelo instituto Gallup, a parcela de republicanos que confiam no ensino superior caiu 17 pontos percentuais entre 2015 e 2018, e mais 20 pontos entre 2018 e 2023, atingindo o menor percentual de 19%.[21]

Em muitos casos, os líderes do combate contra o ensino público também estão atuando para ampliar o ensino religioso – e borrar as diferenças entre ambos. O governador da Flórida Ron DeSantis, por exemplo, instituiu uma nova iniciativa para o treinamento de professores nas escolas públicas do estado, levando-os a oficinas desenvolvidas em conjunto com a Faculdade de Hillsdale, uma faculdade cristã de extrema direita em Michigan que tem desempenhado papel de destaque nas chamadas guerras culturais. Numa das sessões, segundo alguns dos professores presentes, os mediadores minimizaram o papel da escravidão nos Estados Unidos e afirmaram que os fundadores do país eram contrários a uma separação estrita entre Igreja e Estado. Os professores participantes declararam que o programa tinha um viés "fundamentalista cristão" ou nacionalista cristão.[22]

A indistinção entre ensino público e ensino religioso é, evidentemente, um objetivo de longa data do movimento conservador e inclui as tentativas de permitir rezas em escolas públicas, de apresentar doutrinas criacionistas ao lado de aulas sobre a teoria da evolução e de desviar verbas dos contribuintes para escolas religiosas privadas sob a forma de vales escolares. Tudo isso põe a nu a hipocrisia do esforço dos conservadores em remover a ideologia do ensino subsidiado pelo governo. DeSantis e seus consultores, ao que parece, gostariam que acreditássemos que as oficinas envolvendo a Faculdade de Hillsdale não são ideológicas. Mas, apesar da flagrante hipocrisia, essa linha de ataque é eficiente, tanto nos Estados Unidos quanto no exterior.

Durante a redação deste livro, o Hamas, organização política e militar palestina, empreendeu um ataque terrorista brutal contra Israel, o que levou Israel a retaliar com uma campanha, que se pode qualificar de genocida, de matança em massa em Gaza, o território palestino com supervisão do Hamas. Prontamente, alguns comentaristas de direita nos Estados Unidos decidiram estabelecer um vínculo (num bizarro salto lógico) entre esse conflito e a suposta depravação do sistema educacional americano, apontando como alvo especial as universidades e seus administradores. Meses antes de ocorrerem protestos coordenados contra a guerra em *campi* americanos, o âncora Greg Gutfeld, da Fox News, numa transmissão em 16 de outubro, traçou uma analogia entre o ataque terrorista do Hamas a Israel e os efeitos negativos que, imagina ele, as universidades têm sobre os Estados Unidos. Segundo Gutfeld:

> A esquerda desumanizou os americanos a tal ponto que agora o crime é nosso castigo. Nossas universidades se tornaram incubadoras de lunáticos, financiadas pelo governo federal. Deviam tentar se inscrever em estudos das mulheres no Oriente Médio, já que vocês podem obter permissão de seus maridos. E, assim, a diferença entre Israel e os Estados Unidos é, de fato, uma questão de grau. O ataque a Israel é em água fervente, ao contrário do nosso, em banho-maria. A fonte de calor é a mesma. A ideia de linhagem aviltante, que significa que se sabia que a coisa viria. Fique aí e tome essa, opressor.[23]

A mídia de direita usou cínica e prontamente a guerra de Israel a Gaza para conduzir o que é, no fundo, uma propaganda de guerra contra as universidades, bem como contra seus docentes, administradores e estudantes. Montaram a estratégia de colocar as universidades como aliadas do Hamas *desde o começo*, imediatamente após o ataque terrorista do Hamas a Israel e muito antes dos protestos estudantis contra a reação de Israel. A propaganda preparou seu público para ver os inevitáveis protestos nos *campi* contra a guerra – qualquer que fosse sua forma ou conteúdo – como manifestações de apoio ao Hamas. Mostrou-se um método eficiente de intimidar as universidades. A Índia enfrentou os protestos estudantis contra as leis antimuçulmanas com duras repressões policiais, acusando as universidades de traidoras da nação.[24] De modo mais geral, os políticos fascistas americanos investem contra as universidades americanas descrevendo-as como antiamericanas, tal como como os políticos fascistas da Rússia atacam as universidades da Rússia, chamando-as de antirrussas, os políticos fascistas da Índia miram as universidades indianas, chamando-as de anti-indianas, e os políticos fascistas da Hungria atacam as universidades húngaras, chamando-as de anti-húngaras.

A forma do ataque à educação básica é semelhante nesses movimentos fascistas. Na Índia, por exemplo, sob a liderança de direita do primeiro-ministro Narendra Modi, o Conselho Nacional de Pesquisa e Formação Educacional (NCERT) modificou seus livros didáticos amplamente usados de forma a reduzir a importância, na história da Índia, do período do Império Mogul, quando os muçulmanos governavam a terra onde agora são minoria.[25] Isso alimenta o mito central do nacionalismo hinduísta, o de que o verdadeiro passado glorioso da Índia era religiosamente puro e exclusivamente hinduísta. Tais apagamentos da história servem para reforçar a impressão de que os hinduístas constituem uma classe excepcional e de valor único na Índia, ao passo que os muçulmanos são estrangeiros e indignos.

Na Turquia, o líder autoritário Recep Tayyip Erdoğan também supervisionou mudanças drásticas nos livros escolares daquela nação e, ao mesmo tempo, presidiu a uma profunda mudança na identidade nacional turca, passando de uma sociedade orgulhosamente secular para uma sociedade em que a religião desempenha um papel dominante na vida pública. A Turquia sob Erdoğan eliminou de seu currículo do ensino médio as referências à teoria da evolução. Os novos livros escolares minimizam drasticamente a história do secularismo na república turca, sugerindo que não teve importância para a história da nação e substituindo-a por uma consciência nacional e religiosa vinda essencialmente da era otomana.[26]

Como todos esses exemplos mostram – dos Estados Unidos e da Hungria à Índia e à Turquia –, o sistema educacional é a base sobre a qual se constrói uma cultura política. Faz muito tempo que os autoritários entenderam que, quando querem mudar a cultura política, precisam começar tomando o controle da educação.

Diante de tais distorções e apagamentos da história, a verdade parece estar em clara desvantagem. Como as pessoas comuns podem lutar contra esses apagamentos de perspectivas não dominantes? Para responder a essa pergunta, comecemos tentando entender o que os fascistas mais temem na educação. Praticamente todos os avanços que a sociedade fez rumo a uma maior igualdade começaram com os educadores. Os professores negros na era Jim Crow constituíam um baluarte contra a propaganda segregacionista, formando os líderes do Movimento pelos Direitos Civis e fornecendo aos cidadãos negros os instrumentos, nas palavras do historiador Jarvis Givens, de Harvard, "para imaginar um mundo fora das fronteiras [das leis] Jim Crow".[27] É por isso que fascistas atacam professores. A educação democrática fortalece o florescimento humano, dá esteio à dignidade humana e forma as crianças aos moldes de cidadãos críticos, ponderados, generosos, dotados de empatia. Uma educação que valoriza uma identidade nacional, étnica ou religiosa, por outro lado, é incapaz de realizar qualquer uma dessas coisas, e é incompatível com a democracia e o florescimento humano.

2

Colonizando a mente

A educação, para o povo colonizado, precisa inevitavelmente significar insatisfação e revolta; a educação, portanto, deve ser limitada e usada para inculcar obediência e servilidade a fim de que o sistema colonial inteiro não seja derrubado.

W.E.B. Du Bois, "Os senhores brancos do mundo"[1]

À noite da espada e da bala seguiu-se o giz e o quadro-negro. À violência física do campo de batalha seguiu-se a violência psicológica da sala de aula.

Ngũgĩ wa Thiong'o, *Descolonizando a mente*[2]

Quando um grupo apaga a história de outro grupo, este último se torna significativamente mais vulnerável à dominação e à conquista. Um dos exemplos mais claros disso é a prática do colonialismo moderno. Para uma potência colonial, é muito mais fácil justificar a tomada de uma terra quando se pode representar essa terra como destituída de história. Quando se representa um grupo de pessoas como sendo destituído de história, nega-se a ele qualquer reivindicação válida do presente. O colonialismo é um caso ideal, talvez o mais claro, para entender como e por que o apagamento da história é fundamental para o exercício do poder e da dominação.

O colonialismo ocidental se baseia numa série de pressupostos sobre a natureza da própria história. Entre eles está o de que uma civilização, enquanto não alcança um certo grau de sofisticação, digamos, com o surgimento da escrita ou de uma hierarquia visível, não tem como ter uma história. Quando as potências coloniais ocidentais invadiram os territórios dos povos indígenas – como na América do Norte –, elas ignoraram as canções e narrativas repletas de passado desses povos, seus complexos sistemas de acesso à terra, suas estruturas sociais e políticas, suas tradições espirituais e ritos de parentesco, todos tão intrincadamente humanos quanto as práticas culturais e sociais da Europa.

O colonialismo consiste em mitos e representações que se concentram na perspectiva do grupo colonizador, apagam a história dos sujeitos colonizados e criam a imagem da terra colonizada como terra vazia ou, no mínimo, não utilizada. Os colonizadores justificam seu projeto ressaltando sua ostensiva missão civilizatória, que dizem que trará benefícios para os colonizados em troca de suas terras e seus recursos. Esses benefícios, claro, quase sempre se demonstram intangíveis ou menos valiosos do que o prometido, e servem basicamente como um suposto lembrete da superioridade do colonizador – coisas como a religião, a cultura e, em alguns casos, uma formação profissional especializada.

O colonialismo britânico na África é o exemplo consumado da utilização desse sistema de mitos e representações da hierarquia para justificar a dominação e a violência. Na primeira metade do século XX, a Grã-Bretanha tomou do maior grupo étnico queniano, os quicuios, extensões enormes da melhor terra cultivável do Quênia. Quando os quicuios se retiraram temporariamente dali, os colonizadores declararam que aquela era uma terra vazia e não utilizada, o que lhes dava a justificativa de que precisavam para forçar os quicuios a irem em massa para reservas em terras arenosas e inférteis. Os britânicos exigiram até mesmo pagamento para os quicuios ocuparem essas reservas, e exigiam que apresentassem documentos de identidade para sair, a fim de provar que estavam indo trabalhar numa das enormes propriedades que haviam sido entregues a colonos britânicos. Em troca da terra e dos recursos saqueados, a Grã-Bretanha forneceu aos quicuios escolas missionárias, atendimento médico rudimentar e outros serviços – pelos quais eles precisavam pagar.

Em 1952, os quicuios não conseguiam mais suportar a situação e, junto com integrantes de outras tribos, como os embus e os merus, se revoltaram contra o governo colonial britânico, iniciando o que veio a ser conhecido como a Revolta Mau-Mau. A rebelião se prolongou até 1960, empreendida por uma força de combate chamada de Exército da Terra e da Liberdade, e foi violentamente esmagada sob um "estado de emergência".

Em seu livro agraciado com o Prêmio Pulitzer, *Imperial Reckoning: The Untold Story of Britain's Gulag in Kenya* [O acerto de contas imperial: a história não contada do gulag britânico no Quênia], a historiadora Caroline Elkins detalha os horrores que os funcionários coloniais britânicos perpetraram contra indivíduos suspeitos de serem rebeldes mau-mau e, igualmente, contra civis. Mantendo os quicuios como prisioneiros em campos de concentração, os britânicos os torturavam durante dias a fio, supostamente para arrancar informações, mas também para obrigá-los a confessarem suas simpatias mau-mau, num processo chamado de triagem. Inúmeros quicuios morreram em decorrência dessa prática oficial amplamente difundida, embora seja impossível saber a quantidade exata, visto que os britânicos destruíram os registros dos campos de prisioneiros. Durante o estado de emergência, os britânicos tiveram a ajuda e a cumplicidade de colaboradores legalistas entre os quicuios, muitos dos quais haviam frequentado escolas britânicas ou encontrado formas de lucrar pessoalmente com a captura colonial da terra de seu próprio povo.[3]

Como os costumes, as tradições e a sociedade dos quicuios eram muito diferentes das suposições britânicas a respeito deles, o dano infligido a esse grupo foi ainda mais extenso e fundamentalmente desestabilizador do que o dano sofrido por tribos com tradições e costumes mais próximos das expectativas britânicas. O sistema britânico de governo colonial indireto, como escreve Caroline Elkins, era:

> uma forma de administrar a baixo custo o império, cooptando líderes africanos locais, usando-os para impor disciplina e controle sobre as populações locais e, em troca, fornecendo-lhes generosas recompensas materiais. Tal sistema se baseava no estereótipo europeu dos sistemas políticos africanos tradicionais, que sempre colocava o chefe no topo da hierarquia; o chefe, por sua vez, tinha o papel fundamental de manter a "ordem tribal".
>
> Mas os quicuios não tinham chefes. Antes do colonialismo, eles eram uma sociedade sem Estado, governada por conselhos de anciãos e chefes de linhagens. Nos distritos quicuios, esses novos chefes eram um fenômeno do governo colonial. Foram criados pelo governo colonial e, assim, eram totalmente ilegítimos aos olhos do povo quicuio.[4]

Os chefes nomeados pelos britânicos acabaram ficando ilegitimamente com as melhores áreas do território quicuio e explorando os quicuios de formas quase tão extremas quanto os britânicos. Os legalistas britânicos quicuios usavam seu status elevado para explorar outros quicuios com vistas a ganhos e lucros. Em razão disso, eram prodigamente recompensados pelos britânicos com extensas áreas das terras quicuias desejáveis.

O colonialismo britânico não só desmontou as estruturas tradicionais de governo da sociedade quicuia, mas também pretendeu eliminar totalmente a religião quicuia tradicional. Essa religião, como o judaísmo, é em grande parte formada por práticas, e não crenças. Essas práticas estavam profundamente entrelaçadas na estrutura da sociedade quicuia e em rituais e cerimônias, como a cerimônia do plantio, com preces para uma boa safra. Os britânicos estruturaram deliberadamente suas instituições com vistas a aniquilar essa religião.

O filósofo queniano Ngũgĩ wa Thiong'o, em seu livro *Decolonizing the Mind* [Descolonizando a mente], descreve os efeitos do colonialismo em muitos colonizados – mostrando, em particular, como o sistema educacional colonial levou alguns quicuios (e outros colonizados) a se identificarem com os colonizadores. Thiong'o dá a esse processo o nome de "bomba cultural":

> O efeito de uma bomba cultural é aniquilar a crença de um povo em seus nomes, suas línguas, seu ambiente, sua herança de luta, sua unidade, suas capacidades e, enfim, em si mesmos. Ela faz com que vejam seu passado como um deserto de irrealizações e faz com que queiram se afastar daquele deserto. Faz com que queiram se identificar com aquilo que está mais distante deles mesmos: por exemplo, com as línguas de outros povos em vez da deles. Faz com que se identifiquem com o que é decadente e reacionário, com todas aquelas forças que secariam suas próprias fontes de vida. Chega até mesmo a semear sérias dúvidas sobre a correção moral da luta.[5]

A Escola Secundária Alliance é o principal internato do Quênia, e tem entre seus ex-alunos alguns dos líderes e políticos mais poderosos do Quênia ao longo das décadas, entre eles o ex-procurador-geral Charles Njonjo, o político Jaramogi Oginga Odinga (que também era pai do primeiro-ministro Raila Odinga) e Philip Ndegwa, que foi membro da diretoria do Banco Central do Quênia, presidente do Banco Nacional do Quênia e presidente da Kenya Airways. Fundada por missionários cristãos em 1926, a escola se orgulha até hoje de sua identidade religiosa: por exemplo, reza-se uma oração de graças antes de cada refeição. O próprio Thiong'o frequentou a Alliance nos anos 1950, e narra algumas de suas experiências na escola num outro livro seu:

> Na Alliance, a palavra *verdade* estava sempre no ar. Mas, lá, era mais próxima de uma entidade preexistente; tudo o que tínhamos de fazer era aceitá-la. De fato, tudo o que tínhamos de fazer para possuí-la era nos ajoelharmos perante a cruz. Não, não a possuir, mas deixar que ela nos possuísse, uma possessão espiritual civilizada. Uma Verdade para todos. Imutável. Eterna. Era uma Verdade que dependia da fé.[6]

Ao ver de Thiong'o, as instituições educacionais britânicas no Quênia – aliás, por toda a África Oriental – serviam para perpetuar a mesma lógica do colonialismo que tinha suas raízes na chamada Partilha da África e na resultante Conferência de Berlim de 1884, em que as potências europeias dividiram arbitrariamente entre si os territórios do continente. O mais importante, para Thiong'o, era o apagamento das línguas africanas tradicionais e sua substituição por línguas europeias. A língua, escreve ele, "era o veículo mais importante por meio do qual aquele poder exercia fascínio e mantinha a alma prisioneira. A bala era o meio da subjugação física. A língua era o meio da subjugação espiritual".[7]

A destruição cultural decorreu diretamente do genocídio físico durante a Revolta Mau-Mau. Aliás, meu pai, Manfred

Stanley, estudou precisamente esse tema em sua pós-graduação em Antropologia. Escreveu sua tese, *Heritage of Change: British Education and the Making of an African Intelligentsia* [A herança da mudança: a educação britânica e a formação de uma intelectualidade africana], quando morou no Quênia nos anos 1959-1962, logo antes da independência. A tese estuda a primeira geração de quicuios de formação ocidental e examina especificamente estudantes cuja educação completa se deu em escolas britânicas no Quênia e em Uganda. Ele expõe na tese como o sistema educacional britânico acarretou uma forma de apagamento cultural, que agora reconhecemos como genocídio. As notas de campo de meu pai revelam que pelo menos uma parte de seu interesse por essa história brotou de sua própria infância em Berlim sob o nacional-socialismo. De seu ponto de vista, havia uma linha direta entre o colonialismo e o fascismo, e foi seu desejo de entender essa ligação que moveu grande parte de sua pesquisa. Ele não se via como análogo aos quenianos e ugandenses que estudou – mas realmente percebia como os nazifascistas e os colonialistas britânicos tinham certas sensibilidades e impulsos em comum.

Certamente, ele não foi o primeiro estudioso a fazer essa comparação, e seu trabalho se baseou no de muitos outros escritores e teóricos anteriores na tradição pós-colonial. O exemplo talvez mais memorável é o do poeta, ensaísta e político martinicano Aimé Césaire, que formulou essa ligação em seu clássico *Discurso sobre o colonialismo*, originalmente publicado em francês, em 1950. Os europeus, escreveu Césaire, "[o] nazismo, eles o toleraram antes de sofrê-lo, absolveram-no, fecharam os olhos, legitimaram-no, porque, até então, ele não fora aplicado senão a povos não europeus".[8] Hannah Arendt, em *Origens do totalitarismo*, ressaltou claramente os elos entre o fascismo europeu e a Partilha da África.

Mais recentemente, o historiador Timothy Snyder sustentou que a perda das colônias alemãs na África ocorrida em função do Tratado de Versalhes, ao final da Primeira Guerra Mundial, foi uma das razões que levaram Hitler a voltar sua atenção para o leste.[9] O sistema educacional nazista enfatizava claramente a narrativa de que a Alemanha tinha sido injustiçada. E, segundo Lisa Pine, outra historiadora da Alemanha nazista, a geografia colonial era um dos "temas centrais" do programa de ensino do regime, que inculcava nos estudantes a crença na "necessidade de retomar as colônias perdidas da Alemanha" e na "história das realizações coloniais da Alemanha".[10]

O ensino que os estudantes africanos recebiam no sistema colonial britânico de educação era um ensino britânico sob todos os aspectos. Entre todos os assuntos tratados, o que recebia a maior atenção e a maior parte do tempo nas escolas era a Bíblia cristã. Os estudantes também aprendiam a história das monarquias europeias, decoravam os nomes dos reis e rainhas da Grã-Bretanha e liam os clássicos da literatura inglesa. Não aprendiam nada sobre sua própria história ou suas práticas religiosas – na verdade, durante algum tempo qualquer pessoa que praticasse a religião quicuia tradicional era vista pelos britânicos como potencialmente rebelde. Ensinava-se aos estudantes que a resistência mau-mau não era política, e sim "psicopatológica".[11] O currículo, em suma, se destinava a levar os estudantes à inexorável conclusão de que as ações do Império Britânico eram corretas e justificáveis.

Meu pai, em suas notas de campo, aborda o profundo racismo por trás da reação britânica à rebelião. Menciona, especificamente, um relatório oficial de um funcionário britânico chamado F.D. Cornfield, com o título *The Origins and Growth of Mau Mau* [As origens e o crescimento dos mau-mau]. Meu pai, depois de se encontrar com as famílias quicuias de vários estudantes com quem estava trabalhando, escreveu a respeito desse relatório:

> [eram] típicas do Relatório Cornfield uma profunda cegueira a razões sociológicas, econômicas e políticas referentes aos mau-mau e uma tendência de substituí-las por conceitos como reversão primitiva à selvageria, padrões psicanalíticos etc. Era evidente que Cornfield não tinha – ou não dava qualquer sinal de ter – se sentado com pessoas como essas nem realmente traçado o percurso dos mau-mau pelas famílias e personalidades das aldeias específicas.[12]

O sistema educacional britânico no Quênia, conforme meu pai frisa várias vezes em suas notas, se baseava no pressuposto de que os estudantes africanos constituíam irredimivelmente um "outro". Como ele acreditava que o tratamento digno e respeitoso do outro deveria ser a diretriz básica de toda interação humana, isso lhe parecia inadmissível. O colonialismo, tal como o nazismo que conhecera na infância, não só admitia, como também exigia a violação dessa diretriz.

Evidentemente, os britânicos não eram a única potência colonial a brandir seu poderio cultural contra uma população autóctone. O historiador David Wallace Adams, em seu livro clássico sobre os internatos dos americanos indígenas no final do século XIX e começo do século XX, expõe como o colonialismo operava para subjugar os povos nativos dos Estados Unidos. Essas escolas se baseavam no "paradigma civilização-selvageria", como diz Adams; isto é, a crença na importância do ensino e da religião como veículos por meio dos quais os colonizadores trazem a civilização para os colonizados, a fim de libertá-los de sua "selvageria". Conforme escreve Adams: "Os governantes sempre tinham considerado essencial a conversão dos índios ao cristianismo". As escolas incentivavam os estudantes a verem o cristianismo como o cerne da civilização. O superintendente de uma escola, segundo Adams, resumiu a importância de seu dever da seguinte maneira: "[...] não é possível encontrar no mundo um povo realmente civilizado a não ser onde chegou a Bíblia e se ensinou o evangelho; por isso, cremos que os índios devem ter como parte essencial de sua educação um aprendizado cristão".[13]

Ngũgĩ wa Thiong'o dedica grande parte de sua obra a explicar como os britânicos cultivaram colaboradores quicuios legalistas. E, no estudo dos internatos americanos para indígenas, feito por Adams, podemos ver em ação vários elementos da mesma dinâmica. Pelo menos alguns dos estudantes dessas escolas acabavam aceitando (ou, em todo caso, dizendo aceitar) a ideologia que lhes era ensinada. Adams cita um estudante indígena defendendo vigorosamente a superioridade ocidental: "As nações cristãs são as maiores – a civilização cristã é a maior. Assim, se queremos ter sucesso e colocar nosso povo, que é dos últimos, entre os primeiros, precisamos levar-lhes o conhecimento cristão, o exemplo cristão e a civilização cristã".[14]

Segundo a ideologia dos colonizadores europeus da América do Norte, o genocídio que perpetraram contra a população indígena – certamente um dos piores da história – se justificava como meio de levar a civilização a povos que consideravam "selvagens". Um livro escolar de 1852 oferece uma típica visão europeia dos povos indígenas, afirmando que eles têm "prazer na guerra" e que, antes da chegada dos colonizadores, "adoravam um espírito bom e um espírito mau. Mas nada sabiam do verdadeiro Deus, e nunca tinham ouvido falar da Bíblia ou de Jesus Cristo, o Salvador dos Homens".[15]

O paradigma civilização-selvageria era movido não só por uma noção distorcida de superioridade religiosa, mas também por uma visão dos povos indígenas como indolentes, necessitados de uma orientação responsável a fim de utilizar sua capacidade produtiva. Segundo o mesmo manual escolar de 1852, os americanos indígenas só seriam capazes de ascender na "escada da civilização" se "cortarem todos os laços com o passado: o modo de vida comunal, os rituais religiosos bárbaros e, talvez o mais importante, a aversão ao trabalho braçal".[16] Pela lógica do colonialismo, a civilização branca é a única força capaz de guiar a humanidade para um fim produtivo, o qual geralmente vem a ser um trabalho braçal.

Pode-se encontrar a mesma dinâmica em outros locais atingidos pelo colonialismo americano. Richard Armstrong era um missionário cristão que fundou várias escolas e igrejas no Havaí e, em 1847, foi nomeado ministro da instrução pública pelo rei Kamehameha III. Armstrong trouxe uma mentalidade colonialista para esse cargo. Escrevendo sobre os havaianos, ele afirmou que "este é um povo indolente, e, para algum dia virem a ser industriosos, o trabalho deve começar com os jovens. Assim, estou fazendo árduos esforços para haver algum tipo de trabalho manual ligado a todas as escolas [...] sem industriosidade eles não podem ser morais".

Seu filho, Samuel Chapman Armstrong, viria a criar, em 1868, o Instituto Normal e Agrícola Hampton, uma escola para estudantes negros em Hampton, na Virgínia. Segundo o site da Universidade de Hampton, a qual se originou do Instituto Hampton, a finalidade de Armstrong filho ao criar a escola era "formar jovens pretos selecionados que sairão para ensinar e conduzir seu povo primeiramente pelo exemplo, obtendo terra e lares; não lhes dar um dólar sequer que não sejam capazes de obter com seu trabalho; ensinar o respeito pelo trabalho, substituir um trabalho bracal obtuso por mão de obra qualificada e, assim, montar um sistema industrial que favoreça não só o trabalho autossuficiente e inteligente, mas também o caráter".[17] Samuel vinculava explicitamente a missão do Instituto Hampton ao projeto colonialista do qual seu pai participara no Havaí, escrevendo que as escolas missionárias supervisionadas por ele "inspiraram o projeto da Escola Hampton".[18]

A continuidade entre o colonialismo americano em territórios como o Havaí e a exploração dos americanos negros dentro dos Estados Unidos não passou despercebida aos americanos negros. Segundo o historiador Matthew Frye Jacobson, de Yale:

> Entre as preocupações mais comuns expressas por dissidentes negros estava a de que, nesse período da legislação Jim Crow, de perda maciça de direitos e de escalada dos linchamentos e da violência contra os negros no país, os Estados Unidos fossem simplesmente exportar uma impiedosa carga de práticas ao estilo do Mississípi ou da Louisiana para o exterior. Este se tornou um tema corrente nas tribunas da imprensa afro-americana, começando com a anexação do Havaí, que o editor John Mitchell do *Richmond Planet* caracterizou prontamente como "O Estupro das Ilhas".[19]

Nos dois casos, a exploração da mão de obra era justificada como elemento importante da missão civilizatória dos Estados Unidos, em concordância com a lógica desumanizadora do colonialismo, que reduz as pessoas à sua capacidade de trabalho braçal.

Booker T. Washington, que em 1881 criou o Instituto Tuskegee, se formara em Hampton e era fervoroso admirador da filosofia pedagógica de seu fundador, Samuel Chapman Armstrong, a qual derivava, como Washington sabia perfeitamente bem, das escolas colonialistas do Armstrong pai no Havaí.[20] A discordância entre Washington e o sociólogo e ativista W.E.B. Du Bois constitui um dos debates públicos americanos mais famosos, e representa, de modo muito claro, duas possíveis reações muito distintas à lógica colonialista. Em seus escritos públicos, Washington insistia que os negros americanos dessem prioridade à educação técnica e não à educação política e, assim, imprimissem maior ênfase a seu potencial produtivo como trabalhadores e não à sua identidade como cidadãos de uma democracia. Do ponto de vista de Du Bois, essa abordagem era conveniente à supremacia branca. Em vez dessa abordagem, ele recomendava aos cidadãos americanos negros que procurassem uma educação liberal, cuja finalidade fosse não só elevar o espírito, mas também qualificá-los para promover democraticamente seus próprios interesses.[21]

No colonialismo de assentamento, o processo pelo qual os colonos ocupam a terra e desalojam definitivamente os habitantes indígenas, é preciso ocultar ou minimizar a mera existência desses habitantes e representar a área como território vazio. Veja-se a seguinte passagem de uma edição de 1983 do livro didático *The American Pageant* [O espetáculo americano], amplamente utilizado nas escolas:[22]

> A República americana, que ainda é relativamente jovem comparada ao Velho Mundo, foi muito favorecida desde o início. Começou do zero num amplo continente virgem, que era tão escassamente povoado por índios que foi possível eliminá-los ou afastá-los. Tal magnífica oportunidade para uma grande experiência democrática talvez nunca se apresente novamente, pois não resta nenhuma outra área enorme, fértil e relativamente desabitada nas zonas temperadas deste planeta superlotado.[23]

Numa seção chamada "Colombo se depara com um Novo Mundo", os autores apresentam Cristóvão Colombo não como um colonialista genocida decidido a explorar os povos indígenas para proveito material, e sim como um aventureiro com ares de herói. Além disso, eles reforçam a narrativa colonialista de uma terra vazia ao reduzir desmedidamente o número da população indígena das Américas (as melhores estimativas especializadas calculam cerca de 72 milhões de habitantes na época da chegada de Colombo):

> Os assentamentos nativos eram, em sua maioria, pequenos, dispersos e muitas vezes temporários. A população indígena norte-americana era tão esparsamente espalhada que grandes áreas eram praticamente desabitadas, com florestas virgens sussurrantes e águas puras cintilantes. Na época da descoberta de Colombo, havia talvez um milhão de índios morando em toda a área dos atuais Estados Unidos [...][24]

Essa narrativa de uma terra vazia também foi usada para legitimar práticas colonialistas no Oriente Médio. O que complica a alegação de que Israel é uma nação de assentamento colonial é que o maior grupo étnico de judeus em Israel são os mizrahim, na maioria autóctones da região. Mas os judeus *europeus*, os ashkenazi, que foram originalmente para a Palestina, *realmente* a viam como um projeto colonial. A maioria dos judeus ashkenazi que foram para a Palestina no século XIX descrevia sua experiência como a chegada e entrada numa terra vazia sem nenhum assentamento civilizado. David Ben-Gurion, o primeiro primeiro-ministro de Israel, escreveu num ensaio de 1952 que, após a guerra de independência de Israel, conhecida pelos palestinos como *Nakha* ("catástrofe", em árabe), que "trouxe a ruína e a destruição a centenas de assentamentos [...] ficaram apenas as aldeias judaicas estabelecidas nos últimos setenta anos e umas poucas que não eram judaicas. A verdade é que o Estado herdou uma terra deserta e abandonada".[25]

Segundo o livro *Rasuradas do território e da consciência: Israel e as aldeias palestinas despovoadas em 1948*, da pesquisadora israelense Noga Kadman, de 2015, a fundação de Israel, em seu próprio autoentendimento, fazia parte de "um processo de resgate de uma 'terra vazia' e 'desabitada' do esquecimento histórico e de um vazio social e geográfico".[26] Para promover esse mito, as forças israelenses expulsaram muitos habitantes da área, e então destruíram e removeram suas aldeias, que, segundo algumas estimativas, eram bem mais do que quatrocentas.[27] Nas poucas décadas seguintes, o governo israelense obviamente utilizou práticas colonialistas contra terras ainda ocupadas por palestinos. Esse processo, que Kadman chama de "judeização do espaço", criou a impressão de que populações judaicas simplesmente se mudaram para uma terra antes vazia e não utilizada. Em termos gerais, o slogan de que uma das principais realizações judaicas foi "fazer o deserto florescer" é um exemplo de uma mentalidade claramente colonialista, em pé de igualdade com a alegação de que os europeus teriam levado a civilização para as Américas. O slogan só faz sentido se desumanizarmos os ocupantes prévios da terra ou simplesmente se apagarmos a presença deles.[28]

Durante a guerra em Gaza, desencadeada pelo ataque terrorista do Hamas a Israel em outubro de 2023 e pela captura de mais de duzentos reféns, Israel bombardeou impiedosamente alvos civis em Gaza, alegando que o Hamas estava usando esses locais como cobertura para suas operações. Entre esses alvos estavam universidades, escolas e museus gazenses. Como explicou na época a colunista Shree Paradkar, do jornal *Toronto Star*, esse tipo específico de destruição constitui o que alguns observadores chamam de escolasticídio. Envolve "a destruição da infraestrutura educacional de Gaza, ataques a universidades em Gaza e na Cisjordânia, além de sérias perseguições e ataques dentro do sistema universitário israelense a docentes e estudantes que apoiam a Palestina". Como assinala Paradkar, o escolasticídio "ameaça apagar o passado de Gaza [...]. Com arquivos e arquitetura destruídos, é como se palestinos nunca tivessem vivido lá".[29] Em 18 de abril de 2024, mais de doze integrantes dos Procedimentos Especiais do Conselho de Direitos Humanos, entre os quais a relatora especial sobre o direito à educação, Farida Shaheed, lançaram uma declaração manifestando sua profunda preocupação com o escolasticídio em Gaza.[30]

O contínuo apagamento do passado palestino por Israel, e mesmo do passado palestino *recente*, fornece a muita gente em Israel e em outros lugares o pretexto para rejeitar legítimas reivindicações palestinas à terra de seus antepassados, bem como qualquer forma de reparação por essa perda. E isso nega aos palestinos o pertencimento a um povo, tornando-os indivíduos sem Estado – o que, como enfatizou Hannah Arendt em sua obra sobre o fascismo, é uma posição extremamente precária.[31]

A ideologia do colonialismo assume nas escolas e na cultura pública a forma de apagamento da história vital, representando o grupo colonizado como povo sem história. A educação colonial não só apaga a história; ela também a representa de forma deturpada, sugerindo que a população colonizada é selvagem, indolente e corrupta. O nacionalismo cristão branco é responsável por práticas brutais de colonização na África e nas Américas. As práticas colonialistas de Israel também são resultantes de um nacionalismo baseado numa identidade, neste caso o nacionalismo judaico. Aqui, examinamos como vários nacionalismos baseados numa identidade são utilizados para justificar práticas colonialistas violentas. Agora é hora de passarmos ao nacionalismo em si e como prática educacional.

3

O projeto nacionalista

Um estranho tema recorrente na história do nacionalismo americano, pelo menos desde os meados do século XIX, é que os americanos imaginam seu país como o salvador dos povos do mundo – nação redentora, o grande civilizador, farol da liberdade, refúgio dos oprimidos –, mesmo quando expressam uma profunda preocupação de que os povos do mundo possam enfim demonstrar a ruína da república.

Matthew Frye Jacobson, *Barbarian Virtues*[1]

Em seus *Discursos à nação alemã*, no começo do século XIX, o filósofo germânico Johann Gottlieb Fichte defende o que considera ser a grandeza objetiva de sua terra natal. Essa grandeza, diz Fichte, se evidencia na grandiosidade da língua alemã e em certas semelhanças que ele encontra entre a Alemanha e a Grécia antiga. "Os germânicos ainda falam uma língua viva", escreve ele, "e o fazem desde que ela brotou pela primeira vez da natureza, ao passo que as outras tribos teutônicas falam uma língua que se move apenas na superfície, e cujas raízes estão mortas".[2] Uma das finalidades principais do livro é formular um novo modelo de ensino público nacional, visando a instilar "o amor superior pela pátria". No entanto, a ideia de Fichte de que a língua germânica é de alguma forma mais "viva" do que outras não resistiu a séculos de ciência. Seu argumento sobre uma similaridade básica entre a nação germânica e a Grécia antiga também cai ao primeiro exame.

Na época de Fichte, o Império Habsburgo reconhecia oficialmente catorze línguas, entre elas o alemão, o húngaro, o italiano, o polonês e o romeno. Surgiram identidades nacionais baseadas em grande parte nessas línguas, ameaçando o império. O estudioso Benedict Anderson, do século XX, que publicou um trabalho pioneiro sustentando que todas as nações são essencialmente parecidas na forma como surgem e estabelecem suas culturas, também estudou essa forma inicial de nacionalismo baseada em línguas em comum, a qual, segundo ele, remontava a seu predomínio crescente na época das tecnologias de impressão, como livros e jornais. "A convergência entre capitalismo e tecnologia de impressão", escreve ele, "criou a possibilidade de uma nova forma de comunidade imaginada, a qual, em sua morfologia básica, preparou o terreno para a nação moderna".[3] Com base nesse entendimento, os teóricos do nacionalismo que consideram a identidade nacional fruto da língua muitas vezes vinculam as línguas a outras características, como a cultura, a história e as tradições.

O tipo de nacionalismo que sustenta o colonialismo envolve uma concepção engrandecedora da nação, que justifica o domínio dessa sobre outras. Darei a ele o nome de *nacionalismo supremacista*. O nacionalismo supremacista pode assumir uma forma universalista ou não universalista. Em sua forma universalista, que se baseia no "paradigma civilização-selvageria", tratado no capítulo anterior, o domínio da nação colonizadora sobre outras é justificado por seu status como portadora modelar da civilização. Em sua forma não universalista, o domínio da nação colonizadora é justificado simplesmente por seu poderio militar. A linha entre essas duas formas é tênue. O "paradigma civilização-selvageria" sobre o qual se baseia a primeira delas é, evidentemente, fictício. E, pelo menos *na prática*, as duas formas podem ser de brutalidade semelhante.

O nacionalismo também pode ser *anticolonial* – como, por exemplo, no caso do nacionalismo que motivou a Revolta Mau-Mau no Quênia –, e o nacionalismo anticolonial também se apresenta nas duas formas, a universal e a não universal. De acordo com a primeira, cada nação tem suas tradições próprias, mas integra uma humanidade universal comum que impõe deveres de igual dignidade e respeito por outras culturas. É um tipo conhecido de liberalismo iluminista, mas que enxerga a humanidade comum e os deveres de igual respeito por todos os semelhantes. A segunda forma de nacionalismo anticolonial surgiu durante o Iluminismo, rejeitando os ideais da época e utilizando a oposição a esses como base para resistir aos empreendimentos coloniais que usavam, em geral cinicamente, aqueles ideais como base de apoio.

O filósofo novecentista Isaiah Berlin dedicou considerável tempo e energia para estudar e descrever esse "contra-Iluminismo", que rejeitava as noções de progresso e razão universal. Um proponente do movimento especialmente estudado por Berlin foi o filósofo setecentista Johann Gottfried von Herder, segundo o qual as diversas culturas são incomensuráveis e não existe nenhum padrão universal de progresso civilizacional. O que atraiu Berlin em Herder foi, em parte, o fato de que este rejeitava as justificativas de seus adversários iluministas para o colonialismo e a escravidão com base na raça, os quais – julgavam – operavam a serviço de uma missão civilizatória. Como escreve Berlin:

> A subjugação colonial de populações nativas, antigas e modernas, dentro e fora da Europa, é sempre apresentada [na obra de Herder] como moralmente abominável e um crime contra a humanidade [...]. Os xamãs da Ásia Central, insiste ele, não são meros impostores; tampouco os mitos são meras mentiras inventadas por sacerdotes malévolos para ludibriar as massas e ter poder sobre elas [...] impingir um conjunto de valores estranhos a outra nação (como os missionários fizeram nas províncias bálticas e estão fazendo, por exemplo, na Índia) é ao mesmo tempo ineficaz e prejudicial.[4]

Herder, segundo Berlin, foi "um dos líderes da revolta romântica contra o classicismo, o racionalismo e a crença no método científico".[5] A filosofia de Herder, baseada na incomensurabilidade das culturas e na intraduzibilidade das línguas, forneceu uma sólida base para essas posições contrárias ao Iluminismo.

Pode ser tentador imaginar que ideais iluministas como, por exemplo, uma identidade humana moral universal, traçam uma clara distinção entre o nacionalismo supremacista e o nacionalismo anticolonial, mas não é este o caso. É possível usar ideais iluministas para apoiar as duas espécies de nacionalismo. O universalismo pode ser usado para combater o colonialismo, apelando à humanidade comum dos grupos autóctones (por exemplo) que enfrentam a colonização. O universalismo também tem sido regularmente *mal-usado* no projeto colonialista, para privar populações do direito a igual respeito – por exemplo, considerando algumas populações "selvagens" e, portanto, fora do âmbito da identidade humana moral universal.

Nos primeiros tempos dos Estados Unidos, surgiu uma forma brutal de nacionalismo supremacista como forma de justificar alguns dos mais graves pecados do país, entre eles a escravidão e a expropriação indígena. Esse nacionalismo supremacista sobreviveu parcialmente nas versões da história do país que glorificam as ações dos europeus brancos e apagam as contribuições dos americanos indígenas e negros. O livro do historiador Ned Blackhawk, de Yale, *The Rediscovery of America: Native Peoples and the Unmaking of U.S. History* [A redescoberta da América: os povos nativos e o desmanche da história dos Estados Unidos], de 2023, é uma tentativa de acertar as contas com esse mito. Blackhawk escreve: "Os historiadores americanos por muito tempo supuseram que a história da nação era a dos europeus e americanos brancos. Assim, as histórias da religião, da economia e da ideologia política americanas iniciais recaem em campos de estudo separados que, muitas vezes, examinam apenas as experiências dos colonos".[6]

Em partes dos Estados Unidos onde essa narrativa exerce uma influência especialmente forte, políticos como o governador Greg Abbott do Texas têm reagido de forma agressiva contra os esforços acadêmicos de cobrir a estória completa da história do país. Vários desses políticos começaram a tomar elementos para abordar assuntos educacionais não entre os acadêmicos, e nem mesmo entre os *think tanks* prodigamente subsidiados que muitas vezes são responsáveis por programas de curso reducionistas e anti-intelectualistas, mas entre os animadores da mídia. Um exemplo é Dennis Prager, apresentador de direita de um programa de entrevistas cujo grupo de mensagens políticas, PragerU, se tornou, em anos recentes, um provedor de recursos educacionais oficialmente reconhecido nos estados de Oklahoma, Flórida, New Hampshire, Montana e Arizona. Apesar do nome enganoso, a PragerU não é, de forma alguma, uma instituição acadêmica. A organização está mais ligada a transmissões de direita do que a qualquer outra coisa, e se dedica amplamente a divulgar narrativas de extrema direita e a difundir vídeos online direcionados para crianças em idade escolar.

Num vídeo característico de suas propostas, "Christopher Columbus: Explorer of the New World" [Cristóvão Colombo: Explorador do Novo Mundo], um menino apresenta Cristóvão Colombo como importante figura heroica. Colombo, explica o garoto, "foi um cara realmente corajoso que gostava de fazer explorações, inspirou gerações e levou o cristianismo e a civilização ocidental para pessoas que realmente se beneficiaram com novas formas de pensar e fazer as coisas". A menina com quem ele está conversando diz: "Uau, isso parece legal mesmo!". No resto do vídeo, o menino e a menina fazem uma viagem de volta no tempo e encontram um simpático Colombo, que conta a estória de sua vida e lamenta a prática de avaliarem suas ações segundo padrões de comportamento futuros.[7]

Na verdade, a escala e a enormidade do que agora chamaríamos de ações genocidas dos conquistadores espanhóis eram claramente reconhecidas em sua própria época. Em 1542, Bartolomé de las Casas escreveu um livro chamado *O paraíso destruído: brevíssima relação da destruição das Índias*, em que apresentava e denunciava os múltiplos genocídios de povos indígenas nas Índias Ocidentais que ele presenciou nas décadas subsequentes à chegada de Colombo. "Os espanhóis não mostraram a menor consideração por essas pessoas", escreve ele. "Tiveram pela alma delas tão pouca consideração quanto por seus corpos, e todos os milhões que pereceram foram para sua morte sem nenhum conhecimento de Deus e sem o benefício dos sacramentos". O livro contém descrições quase impossíveis de ler sobre os horrores perpetrados pelos conquistadores contra os povos indígenas das Índias Ocidentais, inclusive o ato de assar pessoas vivas em espetos e rasgar o corpo de mulheres grávidas, entre muitos outros.[8] Qualquer narrativa que apresente a chegada europeia às Américas como parte de uma gloriosa "era da exploração", e não como uma era de múltiplos genocídios, elimina as perspectivas tanto de americanos indígenas quanto de europeus como Bartolomé de las Casas, que reconhecia inequivocamente as brutalidades indizíveis que estavam sendo cometidas.

O nacionalismo supremacista não reconhece os pecados passados da nação ou, quando menos, atenua-os drasticamente. No caso dos Estados Unidos, isso significa o apagamento das perspectivas tanto dos povos indígenas submetidos ao genocídio quanto dos americanos negros que viveram a escravidão e o sistema Jim Crow. Geradores de conteúdo online duvidoso, como a PragerU, dão prosseguimento a uma narrativa de passado repleta de apagamentos. Veja-se o trabalho da Comissão de Livros Didáticos e de História da Virgínia, que foi formada em 1950 a fim de elaborar materiais educacionais para o estado com o objetivo de defender a perspectiva supremacista branca. Um dos livros escolares produzidos por ela, chamado *Virginia: History, Government, Geography* [Virgínia: história, governo, geografia], continha representações estarrecedoramente distorcidas da história. A edição de 1957, por exemplo, tinha o seguinte a dizer sobre a escravidão:

> Muitos senhores de escravos não gostavam que o governo do estado se intrometesse no que consideravam ser seus assuntos privados. Lidavam com seus servos de acordo com seus próprios métodos. Sabiam que a melhor maneira de controlar seus escravos era ganhar a confiança e a afeição deles.
> Muitos pretos foram ensinados a ler e a escrever. Muitos eram autorizados a se reunir em grupo para orações, funerais, cantos e danças. Faziam visitas à noite e às vezes possuíam espingardas e outras armas. [...]

> A vida entre os pretos da Virgínia nos tempos da escravidão era, de modo geral, feliz. Os pretos seguiam suas vidas contentes, sustentando a si mesmos e aqueles para quem trabalhavam. Não eram tão infelizes quanto alguns nortistas pensavam que fossem, nem tão felizes quanto diziam alguns sulistas. Os pretos tinham seus problemas e suas dificuldades. Mas não se preocupavam com as discussões furiosas entre nortistas e sulistas sobre o que se devia fazer com eles. De fato, prestavam pouca atenção a essas discussões.[9]

Evidentemente, esse livro escolar da Virginia fazia parte de um esforço maior de reduzir as atrocidades da escravidão nos Estados Unidos, representando os americanos negros escravizados como se estivessem contentes com sua situação e desinteressados da luta por sua libertação.

Um vídeo da PragerU chamado "A Short History of Slavery" mostra a facilidade com que é possível integrar superficialmente o assunto da escravidão num currículo escolar, ao mesmo tempo apagando qualquer apresentação real de seu significado e de seus danos. O vídeo é narrado pela comentadora negra de extrema direita Candace Owens e se esforça muito para omitir as contribuições dos negros na luta pela liberdade, creditando a homens brancos o mérito de resgatar o mundo da escravidão. Segundo Owens:

> Os brancos foram os primeiros a pôr formalmente um fim à escravidão. Em 1833, a Grã-Bretanha foi o primeiro país na história do mundo a aprovar uma lei de abolição da escravidão. A ela, seguiu-se rapidamente a França, que em 1848 aboliu a escravidão em suas várias colônias. Então, claro, veio a Décima Terceira Emenda na Constituição dos Estados Unidos. Após séculos de escravidão humana, os brancos levaram o mundo a pôr um fim a essa prática horrenda. Entre eles, estão os 300 mil soldados da União, de maioria esmagadoramente branca, que morreram durante a Guerra Civil.[10]

Owens se abstém de mencionar o Haiti, o primeiro país da história a nascer de uma rebelião escrava vitoriosa, que começou em 1791. Parece ignorar que foi o Haiti, e não a Grã-Bretanha, o primeiro país a abolir a escravidão, em 1793. E Owens omite por completo o papel significativo dos americanos negros em sua própria libertação durante a Guerra Civil.

O vídeo também parece atenuar bizarramente os danos da escravidão, repetindo os argumentos das potências coloniais europeias, que defendiam os saques violentos por elas perpetrados na África alegando que estavam protegendo os africanos das explorações que praticavam entre si. A Bélgica, por exemplo, justificava sua brutal colonização do Congo, sob o rei Leopoldo II, alegando que assim também salvara os africanos de serem escravizados por outros africanos e vendidos a mercadores árabes de escravos. Mas, na verdade, não foi de forma alguma uma salvação. Por diretrizes do rei Leopoldo II, estima-se que cerca de 10 milhões de africanos no Congo tenham sido mortos como parte de um esforço brutal de obrigá-los a extrair borracha – vindo a ser um dos piores crimes da história humana. O vídeo de Owen na PragerU, porém, aceita acriticamente a narrativa dos colonos belgas:

> A verdade é que os africanos eram vendidos como escravos *por outros africanos negros*. E, em muitos casos, vendidos em troca de miudezas como gim e espelhos. Os brancos não entravam no interior para aprisionar os nativos. Eles esperavam na costa que seus companheiros negros lhes trouxessem corpos negros. A dura realidade é que nossas vidas tinham *pouquíssimo valor* para nossos antepassados.[11]

Essa narrativa serve não só de desculpa para as atrocidades cometidas por europeus na África, como também para minimizar as duras realidades enfrentadas pelos descendentes de pessoas escravizadas. Pelo raciocínio de Owen, seria possível até afirmar que, quaisquer que fossem os danos ou os obstáculos sistêmicos enfrentados pelos negros nos Estados Unidos ao longo dos séculos, esses eram preferíveis às condições que teriam enfrentado se seus antepassados tivessem permanecido na África.

A era da Reconstrução nos Estados Unidos – o breve período imediatamente posterior à Guerra Civil, quando o governo federal providenciou que os americanos negros antes escravizados pudessem pela primeira vez participar da vida civil – chegou a um fim violento após uma década. Entre 1865 e 1877, dezesseis americanos negros foram eleitos para o Congresso e muitas centenas ocuparam assentos nas assembleias legislativas estaduais e nos conselhos municipais. Quando a era da Reconstrução chegou ao fim, as forças contrárias a conceder cidadania plena aos negros, que tinham sido derrotadas temporariamente pela Guerra Civil, começaram de imediato a formular uma versão alternativa dos acontecimentos, com vistas a apresentar o período como uma experiência fracassada e justificar a revogação dos direitos e privilégios limitados de que a população negra do Sul gozara por breve tempo.

Os trabalhos históricos acadêmicos da época, incluindo livros didáticos, responsabilizavam os próprios americanos negros pela perda desses direitos e privilégios. Num livro escolar dos anos 1930, *American History*, a era da Reconstrução aparece como um período arruinado pela má administração e pela corrupção política dos negros:

> O Sul não havia se recuperado da guerra, e as pessoas não tinham condições de pagar impostos pesados. Mas os legisladores pretos nunca pensavam nisso e votavam para tirar o dinheiro das pessoas. As dívidas dos estados sulistas aumentavam

a galope, e os brancos sulistas estavam impotentes diante da lei para deter a carreira alucinada dos homens no legislativo.[12]

O manual escolar também representa os membros da Ku Klux Klan (KKK) como heróis que salvaram o Sul desse tipo de corrupção, impedindo que os negros legislassem:

> O Sul estava ameaçado pela ruína a menos que se fizesse algo para acabar com o controle preto. Para isso, muitos homens brancos ingressaram em sociedades secretas. Essas sociedades operavam por meio do medo para manter o preto longe das urnas e fazê-lo entender que ainda era o branco que devia governar o Sul. Grupos de homens com mantos brancos e cruzes em chamas cavalgavam à noite pelas estradas. Os pretos supersticiosos temiam as visitas dos cavaleiros noturnos espectrais que batiam à porta do casebre à meia-noite e em voz solene ameaçavam o preto trêmulo com castigos terríveis. O trabalho das sociedades secretas obteve os resultados desejados.[13]

Em estereótipos racistas desde o século XIX, livros didáticos americanos ensinavam que os negros são naturalmente propensos à corrupção e à má administração e, assim, inadequados para a participação na vida democrática. Quando o presidente Donald Trump considera ilegítimos os votos em cidades americanas com grande população negra, como Atlanta, Filadélfia e Detroit, alegando "corrupção", ele está evocando esse mesmo estereótipo racista. A longa sombra da desinformação histórica se estende pelas décadas, e os mitos do passado pesam sobre o presente.

* * *

Embora nacionalismos supremacistas floresçam por todo o mundo, os Estados Unidos abrigam uma vertente especialmente poderosa, conhecida como *excepcionalismo americano*, que representa a fundação do país como algo inocente e sua expansão a oeste como fenômeno justificado. Para sustentar tais alegações, a narrativa histórica do excepcionalismo americano apaga tanto o papel central da escravidão na formação da economia do país quanto o enorme genocídio de povos indígenas. Como escreve Ned Blackhawk, muitos americanos pensam que "o assentamento na América do Norte não teve derramamento de sangue [...]. Os índios não constituíam Estados estrangeiros. Nem governavam seus territórios. Eles ou não eram inteiramente humanos ou viviam em formas primitivas de desenvolvimento que exigiam melhoria".[14]

Uma forma central do excepcionalismo americano, em termos históricos e também atuais, é uma versão do nacionalismo supremacista baseada na raça. Mas mesmo essa forma também está vinculada à religião. Segundo ela, a grandeza dos Estados Unidos decorre tanto de sua branquitude quanto de seu cristianismo. Em contraste com isso, o nacionalismo ariano – a forma no cerne do fascismo alemão – era um nacionalismo puramente racial e não se fundava num apelo à religiosidade. A *raça* biológica dos alemães, e apenas a raça, era alegadamente a origem da (suposta) supremacia germânica.

Assim, o fio comum entre o nacionalismo racial americano e o germânico é uma ideologia de supremacia racial. Nos dois lugares, essa ideologia foi empregada para justificar a violência em massa contra os supostos "outros" raciais. Como explicou Hannah Arendt em seu livro *Origens do totalitarismo*, muitos genocídios do século XX foram motivados por ideologias de supremacia racial darwiniana, em que "a aristocracia era tida como o resultado natural, não da política, mas da seleção natural, da linhagem pura".[15] Segundo essa ideologia, as raças da espécie humana são biologicamente distintas, e as supostas diferenças cognitivas e emocionais entre elas explicam toda e qualquer aguda diferença resultante que vemos hoje – em detrimento das depredações do colonialismo ou dos efeitos do racismo estrutural, por exemplo. Segundo essa lógica, as vítimas do descaso e da discriminação são responsáveis por suas próprias dificuldades.

Seria fácil concluir desses exemplos que o mito da raça biológica é a motivação primária por trás do nacionalismo supremacista. No entanto, existem inúmeros exemplos históricos e contemporâneos em que a ideologia é alimentada por outros fatores.

Muitos movimentos nacionalistas supremacistas violentos se baseiam na religião. O Rashtriya Swayamsevak Sangh (RSS), na Índia, é uma organização paramilitar. Seu primo próximo, que pode ser entendido de certa maneira como sua ala política, é o Partido Bharatiya Janata (PBJ), o partido no governo do país, liderado pelo primeiro-ministro Narendra Modi. Embora a Índia tenha sido fundada como um Estado secular, o RSS procura transformá-la num Estado explicitamente hinduísta, e trabalha para esse fim perseguindo cidadãos não hinduístas – principalmente a grande população muçulmana do país, mas também cristãos e outras minorias religiosas.

Desde a subida ao poder, em maio de 2014, seguindo-se à eleição do primeiro-ministro Modi, os supremacistas hinduístas vêm transformando a esfera pública – com especial ênfase na implantação da sua ideologia no sistema educacional do país. Em agosto de 2014, poucos meses após chegar ao poder, o RSS já havia criado o Bharatiya Shiksha Niti Ayog, um comitê com o objetivo de pressionar o Ministério da Educação a apoiar sua concepção nacionalista hinduísta para o país.[16] O Conselho Nacional de Pesquisa e Formação Educacional (NCERT), nesse meio-tempo, reescreveu drasticamente os livros didáticos utilizados nas escolas públicas em toda a Índia, procedendo a mais de mil alterações em 182 livros escolares, todas em apoio ao nacionalismo hinduísta.[17]

Um caso exemplar é a versão do assassinato de Mahatma Gandhi nos livros didáticos de história. Gandhi geralmente é visto na Índia como uma figura fundadora e um herói nacional. Mas, para os supremacistas hinduístas, os apelos de Gandhi pelo tratamento equitativo dos muçulmanos e pela paz com a nação muçulmana vizinha do Paquistão constituem uma traição. Com efeito, Nathuram Vinayak Godse, o supremacista hinduísta que assassinou Gandhi, matou-o a pretexto de que ele estava agindo em favor dos interesses muçulmanos. Antes da campanha de pressão do RSS, um livro didático produzido pelo NCERT ressaltara os perigos do extremismo nacionalista hinduísta, rotulando claramente Godse como adepto dessa ideologia e explicando que ela era uma ameaça para a nascente identidade secular da Índia como lar de hinduístas e muçulmanos. Mas, numa versão do mesmo livro publicado após a ascensão do PBJ ao poder, a seção sobre o assassinato de Gandhi foi sutilmente reescrita para normalizar a ideologia nacionalista hinduísta e absolver seu crime indizivelmente abominável.[18]

Segundo os postulados da supremacia hinduísta, as tentativas de Gandhi para estabelecer igualdade entre hinduístas e muçulmanos eram, por sua própria natureza, anti-hinduístas. Em vez de fundador, Gandhi foi um traidor da nação. Enquanto o livro didático pré-Modi explicava que a motivação principal de Gandhi era a busca da "unidade hinduísta-muçulmana", a versão revista o apresenta movido pela insatisfação com "a decisão do governo indiano em não honrar compromissos financeiros com o Paquistão". O manual escolar sugere implicitamente que o objetivo de Gandhi seria canalizar dinheiro para o Paquistão – num esquema nefasto que, sugere o texto, era indissociável de sua aspiração de estender direitos iguais aos muçulmanos.

A supremacia hinduísta representa a Índia como uma nação cuja identidade hinduísta remonta a milhares de anos e define o país. Ela representa tanto o islamismo quanto o cristianismo como religiões estrangeiras associadas à violenta colonização e dominação da Índia. Representa o secularismo, que de fato é fundamental para a democracia indiana, como uma intervenção colonialista estrangeira. Tudo isso justifica a violência de massa contra as populações não hinduístas, que estariam supostamente trazendo ideias estrangeiras para a Índia, numa tentativa de destruir o caráter hinduísta da nação.

A violência supremacista hinduísta na Índia é direcionada contra cristãos e muçulmanos, mas os muçulmanos são tomados como alvo primário. Desde longa data, o objetivo dos supremacistas hinduístas é, se não o de livrar a nação de todos os muçulmanos, o de relegá-los forçosamente a uma condição de semicidadania. Mesmo liberais e intelectuais que simplesmente promovem o secularismo indiano têm sofrido um destino terrível.

Pode-se encontrar outro movimento de supremacia nacionalista baseado na religião em Israel, intensificando-se especialmente sob o governo de extrema direita do primeiro-ministro Benjamin Netanyahu. Em julho de 2018, o Knesset, parlamento de Israel, aprovou uma "lei de Estado-nação" que declarou formalmente Israel como "o Estado-nação do povo judeu" e especificou que o povo judeu tem o exclusivo "direito de exercer a autodeterminação nacional". A lei também codificou algumas práticas legais de longa data (por exemplo, referentes à propriedade) que garantem a cidadãos judeus de Israel proteções maiores do que a cidadãos não judeus.[19] Com isso, a legislação mostra explicitamente que o Estado israelense é um Estado segregacionista não democrático – resultado pouco surpreendente de uma ideologia fundadora baseada no apagamento da história dos habitantes anteriores não judeus da terra.

O nacionalismo que motiva o recente genocídio da Rússia na Ucrânia é potencialmente mais complicado em termos conceituais do que o nacionalismo hinduísta ou o nacionalismo judaico, visto que nem sequer reconhece uma diferença entre ucranianos e russos. A Rússia é hoje a nação mais claramente fascista do mundo, e sua invasão da Ucrânia em 2022 e operações subsequentes constituem, no mínimo, um genocídio cultural – envolvendo, por exemplo, a retirada em massa de crianças ucranianas de suas famílias para serem adotadas na Rússia. Mas a forma de nacionalismo que a Rússia tem usado para justificar suas ações genocidas não se funda nem na raça, nem na religião, nem na etnicidade – e por isso não pode ser classificada como supremacista. Para os nacionalistas russos, os ucranianos fazem parte da mesma raça e da mesma etnicidade dos russos e estão se escondendo por trás de uma identidade ucraniana "falsa". O presidente russo Vladimir Putin deixou isso claro num discurso em julho de 2021, quando declarou que russos e ucranianos são "um povo só – um conjunto único".[20]

Nas áreas da Ucrânia ocupadas desde a invasão, a Rússia suprimiu totalmente a língua ucraniana e pôs nas escolas livros didáticos que apagam qualquer sugestão de uma identidade ucraniana independente. Enquanto isso, Putin tem reforçado essa negativa a toda oportunidade e criou o hábito de se referir à língua ucraniana como "pequeno russo" ou um dialeto do russo.[21] Como Johann Gottlieb Fichte, o filósofo alemão oitocentista, Putin vê a língua como fator decisivo na determinação da identidade nacional – assim, a ideia de uma língua ucraniana é entendida como uma grave ameaça. Num discurso denunciando o próprio conceito de "povo ucraniano como uma nação separada dos russos", Putin declarou que não existia "nenhuma base histórica para isso" e acusou essa ideia de ser responsável por "todo tipo de invencionice". Mas, como assinala Benedict Anderson, a primeira gramática ucraniana oficial apareceu em 1819, meros dezessete anos após a primeira gramática russa oficial. Se a identidade ucraniana é uma "invencionice", a identidade russa também o é.[22]

A Rússia também se engajou num apagamento similar da autonomia ucraniana por volta da época de sua invasão da Ucrânia oriental, em 2014, representando-a, porém, como uma série de movimentos de independência empreendidos por populações da Ucrânia que se identificavam como russas. O que era de fato uma invasão russa agressiva foi representado como uma resistência popular legítima. Um recente livro didático russo, por exemplo, relata os acontecimentos da seguinte maneira:

> Retratar a guerra em Donbass como uma guerra civil sem mencionar a presença russa é uma perspectiva questionável. A profunda crise sociopolítica que atingiu a Ucrânia em 2013-2014 levou essencialmente ao colapso estatal e ao surgimento de várias regiões separadas em seu território que estavam totalmente além do controle do governo central.
> A resistência nas regiões sul e leste, junto com as tentativas de ativistas nacionalistas "Maidan" de tomar edifícios administrativos locais (24 de fevereiro em Kharkiv, 22-23 de fevereiro em Luhansk), serviu de catalisador para a formação organizacional do chamado movimento de resistência, caracterizado inicialmente por contínuos comícios e manifestações de massa.[23]

Livros didáticos que supostamente tratavam da "História da Rússia" e foram aprovados para o último ano do ensino médio pelo Ministério da Educação russo em 2022 apresentam uma narrativa semelhante.[24] Segundo um deles, em seguida essas áreas escolheram livremente se tornar parte da Rússia:

> No outono-inverno de 2013/14, estourou na Ucrânia a mais intensa crise política interna. Sua consequência mais importante foi a inclusão de dois novos estados: a federação da República da Crimeia e Sebastopol se tornaram parte da Rússia. Isso ocorreu com base num referendo realizado na Crimeia.[25]

Esses livros de "história" não mencionam qualquer presença de soldados russos envolvidos na Crimeia ou em Donbass, apenas transições pacíficas para o governo russo, majoritariamente apoiadas nesses territórios. Invasões militares coloniais a serviço de expansões violentas do império são aqui representadas como eventos pacíficos e voluntários.

O genocídio em Ruanda é talvez o exemplo mais claro dos horrores a que seres humanos podem sujeitar uns aos outros sem qualquer base de diferença cultural. Hútus e tútsis são dois grupos em Ruanda que têm em comum não só a mesma língua, o quiniaruanda, mas também a mesma religião tradicional – pontos em comum surpreendentes no continente mais diversificado do mundo (só o Congo tem bem mais de duzentas línguas). No entanto, as pequenas diferenças de fato existentes entre esses dois grupos altamente integrados e endogâmicos foram acentuadas durante a colonização belga de Ruanda, pois os colonizadores se beneficiavam com a divisão dentro das populações colonizadas. O movimento Poder Hútu, uma forma virulenta de nacionalismo étnico, fomentou o ódio aos tútsis como base da identidade hútu, por fim planejando e executando um genocídio dos tútsis entre abril e julho de 1994, com o massacre de 500 a 800 mil tútsis.[26]

* * *

Os exemplos de nacionalismo que abordamos até aqui quase invariavelmente alimentam e são alimentados pelo fanatismo e pela violência. Mas o nacionalismo não está inevitavelmente ligado ao ódio. Como observei, o nacionalismo também pode ser anticolonial. O economista inglês J.A. Hobson, em seu clássico *Imperialism: A Study* [O imperialismo: um estudo], de 1902, descreve o nacionalismo anticolonial ressaltando sua compatibilidade com um espírito internacionalista pacífico e cooperativo. Como escreve Hobson, "o triunfo do nacionalismo parece ter esmagado a nascente esperança do internacionalismo. No entanto, afigura-se que não há nenhum antagonismo essencial entre eles. Um autêntico e sólido internacionalismo, na forma ou na disposição, na verdade implica a existência de nacionalidades poderosas com autorrespeito, que procuram a união com base nas necessidades e interesses nacionais em comum".[27] Hobson estabelece um contraste entre esse nacionalismo anticolonial, que é inteiramente compatível com o tipo de projeto cosmopolita global tantas vezes demonizado por políticos da extrema direita, e o tipo em que "reluz o espírito de ganância e de autoengrandecimento".[28]

No excepcionalismo americano, em qualquer variante (racial ou não), de fato "reluz o espírito de ganância e autoengrandecimento". Políticos de todo o espectro nos Estados Unidos apresentam o excepcionalismo americano como uma verdade evidente, que é amplamente aceita pela maioria dos cidadãos do país. Ele é utilizado para justificar não só as guerras dos Estados Unidos, mas também o uso maciçamente desproporcional que o país faz dos recursos do planeta e suas gigantescas contribuições para a mudança climática.[29] Assim como a educação alemã no período de Weimar e imediatamente antes adotava uma concepção inflada da identidade nacional alemã que pavimentou o caminho para o nacional-socialismo, a devoção amplamente difundida ao excepcionalismo americano deixa os Estados Unidos extremamente suscetíveis aos avanços de um movimento fascista doméstico disciplinado e informado, ao mesmo tempo ocultando essa fraqueza a seus cidadãos (visto que o excepcionalismo americano sustenta que os Estados Unidos são dotados de uma capacidade única de resistência a todas as influências prejudiciais, inclusive ao fascismo).

O mesmo se aplica a outros países devedores do nacionalismo supremacista. O movimento contemporâneo da supremacia russa, por exemplo, atém-se firmemente à crença de que a Rússia é o sucessor natural do império soviético, e assim teria, de forma legítima, o direito de herdar os territórios vizinhos que antes faziam parte da União Soviética. O Estado russo promove essa narrativa de todas as maneiras possíveis – inclusive pela hábil manipulação (e às vezes pelo controle direto) dos meios de comunicação, bem como por livros didáticos aprovados por ele, que têm apagado sistematicamente os piores crimes do país, em especial aqueles cometidos contra a Ucrânia.

A omissão mais significativa se refere a Holodomor, o genocídio do povo ucraniano em que milhões de camponeses ucranianos morreram de fome depois que Stálin lhes impôs requisições draconianas de cereais, sabendo muito bem que isso teria consequências devastadoras.[30] Em ucraniano e russo, a palavra "Holodomor" é composta de duas partes: "fome" e "matar" ou "fazer alguém sofrer" – a tradução mais próxima é, basicamente, "alguém fazendo deliberadamente outros passarem fome". Um dado relevante é que, embora a palavra "Holodomor" e a tragédia por ela representada sejam bem conhecidas nos dois países, os livros escolares russos descrevem o evento usando o termo genérico para "fome", deixando implícito que Holodomor foi um mero acidente administrativo que afetou igualmente toda a União Soviética.[31] Nos livros escolares ucranianos, Holodomor é representada como uma fome que Stálin infligiu especificamente aos ucranianos, o que está bem mais próximo da verdade.

* * *

Os exemplos no mundo real podem ser raros, mas não é difícil imaginar o tipo de nacionalismo anticolonial descrito por J.A. Hobson – um nacionalismo concebido não para absolver a nação de seus pecados, mas para incentivá-la a realizar seus ideais mais elevados. Como seria o nacionalismo anticolonial nos Estados Unidos? Seria uma concepção de que os americanos estão unidos por um interesse comum importante (pela democracia, por exemplo) e empenhados no projeto conjunto de elevar os padrões de vida para todos. A pessoa poderia se orgulhar de ser americana por causa da beleza natural do país, de suas produções culturais, de suas cidades maravilhosas e de sua população diversificada sem crer que os Estados Unidos são a maior nação da história humana. Esse tipo de nacionalismo americano seria anticolonial, comprometido com um projeto distintamente americano de fomentar sua enorme diversidade em vez de suprimi-la, ao mesmo tempo solucionando problemas estruturais de desigualdade. Esse programa, por sua própria natureza, reconheceria os pecados passados do país, mas também reconheceria que ele ainda guarda grandes promessas. Um sistema educacional baseado no nacionalismo anticolonial americano operaria, sob quase todos os aspectos, em sentido contrário aos currículos nacionalistas hoje impostos por políticos americanos de extrema direita – que minimizam os horrores da escravidão, o genocídio indígena e suas consequências no presente. Suas escolas ensinariam a história que, em vez de toldar, ressalta os efeitos do racismo estrutural – um primeiro passo necessário para sua eliminação.

Podemos identificar também uma forma de nacionalismo anticolonial no sistema educacional da Alemanha Ocidental após a guerra, que estabelecia uma forte conexão entre a identidade germânica e as formas de vida liberais democráticas. Por exemplo, esse nacionalismo concedia aos estudantes um alto grau de autonomia, na forma da gestão e da influência estudantis sobre os currículos dos cursos, incentivando-os a resistirem à subordinação a formas fascistas de autoridade. Tal sistema enfatizava valores como a tolerância e procurava torná-los parte central da identidade alemã pós-guerra. E, talvez o mais importante, de modo geral o passado recente da Alemanha era abordado de forma direta e honesta, procurando conectar a identidade social alemã a uma tentativa de expiar os pecados passados do país, em vez de ocultá-los por vergonha.

No entanto, mesmo nesse sistema educacional conscientemente não supremacista havia problemas. As escolas, por exemplo, ensinavam que Auschwitz ficava na Polônia, e que o campo era comandado por um grupo de alemães especialmente terríveis, a SS, que dirigiam uma população de guardas e *kapos* em grande medida eslavos para executar as matanças em massa características do governo nazista.

Como estudante na Alemanha em 1985 e 1986, isso me parecia desconcertante. Alguns parentes de minha mãe foram presumivelmente mortos a tiros em fossas por soldados comuns da Wehrmacht, e não por oficiais da SS que dirigiam os campos de extermínio de Hitler. Meu tio polonês tinha passado quatro anos num pequeno campo de trabalho nazista, não num campo de extermínio. Durante o encarceramento naquele campo, ele foi levado três vezes para ser executado, e a cada vez escapou a esse destino por mero acaso.

Quase todos os alemães que conheci tinham avós que combateram na Frente Oriental – esses eram supostamente os "alemães inocentes". Mas os soldados que mataram a maioria de meus parentes eram realmente inocentes dos crimes da Alemanha? Os que dirigiam os campos de trabalho da Alemanha eram inocentes desses crimes? Foi somente no século XXI, com a formulação do conceito de "Holocausto das balas", que os historiadores vieram a reconhecer que mais de 1 milhão adicional de judeus foram assassinados durante a Segunda Guerra Mundial, *fora* dos campos de concentração da Europa, por soldados comuns da Wehrmacht, tal como ocorrera a meus tios-avôs e seus filhos. Mas a escola alemã que eu frequentava não abordava essas questões. Com isso, ela estava minimizando falsamente a escala dos crimes da Alemanha e absolvendo de culpa "o alemão comum".[32]

As formas de nacionalismo envolvidas nas lutas anticoloniais ou em lutas correlatas pela liberdade, como a libertação negra, são nacionalismos de povos oprimidos e, portanto, não são obviamente supremacistas. Mas seria um erro supor que nacionalismos de povos antes ou mesmo agora oprimidos são imunes aos piores impulsos do nacionalismo supremacista. No caso de Israel, um grupo que era uma minoria nacional em todos os outros países tornou-se uma maioria política. Isso acabou resultando num nacionalismo colonial supremacista amplamente difundido, que tem sido direcionado contra palestinos. No caso da Índia, a maioria hinduísta se libertou da dominação colonial externa, mas usou a autonomia recentemente conquistada a serviço da dominação sobre a minoria muçulmana do país.

A história mostra que, numa luta vitoriosa pelo poder contra um colonizador violento, o novo grupo no poder pode reproduzir as ações do colonizador. Idealmente, a mudança no poder deveria também desencadear uma mudança nas atitudes e nos objetivos. Como formulou o filósofo anticolonial Frantz Fanon:

> A mobilização das massas, quando se dá durante a guerra de libertação, introduz na consciência de cada um a noção de causa comum, de destino nacional, de história coletiva. Assim [...] a construção da nação é facilitada pela existência dessa argamassa trabalhada no sangue e na cólera [...]. Durante o período colonial, incentivava-se o povo a lutar contra a opressão. Após a libertação nacional, incentiva-se a lutar contra a miséria, o analfabetismo, o subdesenvolvimento.[33]

O problema com os projetos de construção nacional nascidos de um nacionalismo étnico ou religioso é que muitas vezes eles não promovem essa mudança. A atenção que antes era dirigida a um opressor colonial externo é transferida não para uma luta produtiva contra a pobreza ou a desigualdade – mas para uma luta contra adversários políticos e bodes expiatórios variados escolhidos para esse fim.

O sociólogo oitocentista Émile Durkheim também via uma clara distinção entre um nacionalismo voltado para dentro e um nacionalismo voltado para fora, endossando um deles e alertando contra o outro:

> Em suma, tudo depende do modo como se concebe o patriotismo, pois ele pode assumir duas formas muito diferentes. Se é centrífugo, por assim dizer, ele orienta a atividade nacional para fora, incentiva os Estados a se alastrarem uns sobre os outros, a se excluírem mutuamente; então coloca-os em conflito e, ao mesmo tempo, coloca em conflito os sentimentos nacionais e os sentimentos da humanidade. Ou, inversamente, ele se volta inteiramente para dentro, dedica-se a melhorar a vida interior da sociedade; e, então, faz com que todos os

> Estados chegados ao mesmo grau de desenvolvimento moral comunguem o mesmo fim. O primeiro é agressivo, militar; o segundo é científico, artístico, industrial, numa palavra, essencialmente pacífico.[34]

Tais palavras foram proferidas em aulas ministradas bem antes do advento do fascismo europeu. Mas as observações de Durkheim advertiam sobre os perigos inerentes a certas versões do nacionalismo europeu.

Todos os nacionalismos, inclusive os anticoloniais, se baseiam em alguma forma de mito, alguma forma de "comunidade imaginada", na famosa expressão de Benedict Anderson. Os mitos do nacionalismo supremacista, porém, têm uma estrutura específica, que representa a nação como maior do que as vizinhas e representa seus pecados nacionais, em última análise, como triunfos. Com isso, o nacionalismo supremacista lança as bases para o fascismo.

4

Do supremacismo ao fascismo

Tudo o que hoje admiramos nessa terra – a ciência e a arte, a tecnologia e as invenções – é apenas o produto criativo de alguns poucos povos e, originalmente, talvez de uma *raça. Deles depende a existência de toda essa cultura. Se perecerem, a beleza dessa terra se afundará na sepultura junto com eles.*

Adolf Hitler, *Mein Kampf*[1]

O objetivo da educação feminina deve ser invariavelmente a futura mãe.

Adolf Hitler, *Mein Kampf*[2]

Meu pai tinha um ano de idade quando, em 10 de maio de 1933, os nazistas promoveram uma enorme queima de livros na Opernplatz, não distante do apartamento da família dele. Esse acontecimento é há muito tempo entendido como um dos mais importantes na história da Alemanha. Entre os itens queimados pelos nazistas, destacava-se o conteúdo do vasto arquivo do Institut für Sexualwissenschaft (Instituto de Ciência Sexual), que na época consistia no maior acervo de pesquisa do mundo sobre a teoria *queer*. Segundo o historiador germano-americano George L. Mosse, o diretor judeu do instituto, Magnus Hirschfeld, "se tornou um alvo constante de ataques" após a queima dos livros: "Seu nome e o nome do Instituto de Ciência Sexual [...], que ele fundou em 1919, eram usados como metáforas de perversão sexual, símbolos da ameaça da Berlim da República de Weimar à respeitabilidade burguesa".[3]

Os nazistas não só tomaram como alvo intelectuais judeus que estudavam perspectivas *queer*, mas também tentaram eliminar qualquer sugestão de que a vida *queer* fosse ou pudesse ser normal. Para isso, precisariam ir além da perseguição a figuras como Hirschfeld – precisariam proceder à reforma completa do sistema educacional do país.

Uma das maneiras empregadas pelos nazistas para esse fim foi incentivar o público a estabelecer uma conexão entre práticas educacionais abertamente tolerantes e o que eles viam como "perversão sexual". Na era Weimar, alguns educadores alemães tinham realizado reformas progressistas e experimentais, dando mais espaço de ação aos estudantes na sala de aula, eliminando castigos físicos e adaptando seus estabelecimentos de ensino para se concentrarem no "desenvolvimento individual, na interação social, e educar os estudantes para a realidade prática" – em outras palavras, prepará-los para a participação na vida cívica e democrática.[4] Essas reformas eram uma reação ao modelo educacional nacionalista conservador da Alemanha pré-Primeira Guerra Mundial e ainda dominante na era Weimar – modelo esse elaborado principalmente para apoiar as conquistas militares sob o imperador Guilherme II.

Apesar disso, os nazistas viam até mesmo essas reformas graduais como uma afronta, e açularam sua máquina de propaganda contra o sistema educacional do país, procurando torná-lo ainda mais militarista e favorável a seus objetivos nacionalistas. Essa campanha nazista de demonização associava as reformas educacionais progressistas não só à perversão sexual, mas também ao marxismo, numa tentativa de juntar os conservadores sociais tradicionais e as elites empresariais ricas numa aliança contra a democracia e suas instituições.

As questões educacionais não constituíam um foco passageiro ou pouco importante da política nazista. O objetivo professo da política educacional nazista era defender as crianças da nação contra a obscenidade e o "marxismo", mas, na imaginação nazista, essa tarefa estava indissociavelmente vinculada a uma narrativa mais ampla de vitimismo nacional, que pairava sobre grande parte da população desde o Tratado de Versalhes, de 1919, o qual pusera fim à Primeira Guerra Mundial, confiscando cerca de 10% do território da Alemanha e impondo-lhe indenizações de guerra.[5]

O objetivo do sistema educacional nazista – transformar a juventude do país em ideólogos engajados – era uma extensão natural do modelo educacional alemão anterior à Primeira Guerra Mundial, que se concentrara no militarismo e na supremacia alemã. O acréscimo de ideias e práticas educacionais nazistas a um sistema educacional já com fortes elementos antidemocráticos produziu um exército de alemães dispostos a morrer pela pátria.

O que podemos ver a partir desse exemplo da Alemanha nazista e do estudo de outros casos de movimentos fascistas ao redor do mundo é que há *cinco grandes temas de educação fascista*:

1. Grandeza nacional
2. Pureza nacional
3. Inocência nacional
4. Papéis de gênero tradicionais
5. Difamação da esquerda

Esses temas são maneiras essencialmente distintas com que os movimentos fascistas atiçam rancores no grupo dominante a que servem, a fim de promover seus objetivos. Nesse processo, eles eliminam cuidadosamente quaisquer contradições em sua narrativa. Elas incluiriam, por exemplo, qualquer pesquisa acadêmica revelando falhas nos mitos nacionais, qualquer forma de educação que revele claramente a culpa nacional, qualquer sugestão de que a diversidade e a pluralidade podem ser benéficas para a sociedade, ou que relações de gênero mais equitativas podem ser benéficas, ou que a esquerda política é muito menos ameaçadora do que imaginam. A seguir, examinarei o panorama histórico e conceitual por trás desses temas, a vinculação entre eles para formar a ideologia fascista e seu modo de funcionamento para sustentar e manter uma forma de vida social fascista.

Os movimentos políticos e sociais fascistas se desenvolvem a partir de um sentimento de rancor. Como vimos na discussão sobre o colonialismo, o sistema educacional nazista enfatizava a perda alemã de terras no Tratado de Versalhes, atribuindo a culpa dessa perda aos judeus (isto é, a *inocência nacional*). Segundo a propaganda nazista, o povo judeu era a causa da mítica "facada nas costas" que fizera a Alemanha perder a Primeira Guerra Mundial. A alegação era que os políticos sociais-democratas haviam traído o exército alemão ao entrar em negociações de paz. A Alemanha, portanto, não era de forma alguma responsável pelo resultado da guerra, mas caíra vítima da traição judaica. Assim, todos os castigos sofridos pelo país, em especial a perda de território na Europa e de colônias na África, podiam ser rastreados até sua origem nos judeus. A ideia de que os alemães arianos deviam buscar vingança por tal traição era uma característica central da propaganda nazista.

O sistema educacional alemão preexistente, herdado pelo governo nazista ao tomar o poder, já continha muitos elementos de uma educação fascista – e que foram avidamente aproveitados por ele. O sistema educacional nazista se concentrava especialmente na grandeza nacional, levando ao extremo as palavras de Hitler em *Mein Kampf*: "...somente quem aprende em casa e na escola a conhecer a grandeza cultural, econômica e sobretudo política de sua pátria pode sentir e sentirá o orgulho íntimo pelo privilégio de ser integrante de tal povo".[6]

Esse sistema educacional e o aparelho de propaganda nele montado, especialmente a Juventude Hitlerista, foram responsáveis pela virada da Alemanha contra o cosmopolitismo. Como observa o historiador Gilmer W. Blackburn: "O êxito nazista em galvanizar um sentimento nacional avassalador pelos objetivos de curto prazo do regime é incontestável. A juventude alemã, em sua maioria, se mostrou receptiva a lendas heroicas simplificadas e a comparações esclarecidas, e os professores alemães sucumbiram com igual docilidade à *Gleichschaltung* ou o alinhamento nazista".[7]

Ao tratar da educação em *Mein Kampf*, Hitler frisa a importância de selecionar alguns homens do grupo nacional dominante para destacar sua grandeza:

> A nosso sistema educacional faltava a arte de escolher alguns nomes entre o desenvolvimento histórico de nosso povo e torná-los patrimônio comum de todo o povo alemão, e assim pelo conhecimento e igual entusiasmo criando um laço uniforme e unificador por toda a nação. Eles não sabiam como proceder para que os homens realmente importantes de nosso povo aparecessem como heróis insignes aos olhos do presente, como concentrar a atenção geral sobre eles e, assim, criar um estado de espírito unificado.[8]

Este, claro, é um padrão comum em livros escolares nacionais. *A First Book in American History: With Special Reference to the Lives and Deeds of Great Americans*, de Edward Eggleston, de 1889, oferece vários exemplos de narrativas de "grandes homens" para os jovens leitores. Eggleston escreveu na introdução: "Ao ensinar alunos mais jovens por meio da biografia, que é o próprio alfabeto da história, estamos seguindo um sólido princípio muitas vezes esquecido, qual seja, que o ensino primário deve se dar pela linha de menor resistência. Além disso, não há nada mais importante para o jovem americano do que conhecer as carreiras dos grandes homens de seu país".[9] Mas, como Hitler o entendia, tal deve ser o fundamento de um ensino do excepcionalismo nacional, como ocorre com frequência no contexto dos Estados Unidos. A narrativa excepcionalista na educação americana foi inserida pelo movimento Trump no interior do próprio objetivo dessa educação. Numa apresentação muito divulgada feita em setembro, durante a campanha presidencial do outono de 2020, o então presidente Donald Trump abriu a Conferência sobre a História Americana na Casa Branca com um discurso sobre sua visão educacional e, por extensão, a visão educacional de seu movimento, começando da seguinte maneira:

> Nossa missão é defender o legado da fundação da América, a virtude dos heróis da América e a nobreza do caráter americano. Devemos remover a teia retorcida de mentiras em nossas escolas e salas de aula, e ensinar a nossas crianças a verdade grandiosa sobre nosso país. Queremos que nossos filhos e filhas saibam que são os cidadãos e cidadãs da nação mais excepcional na história do mundo.[10]

A seguir, ele anunciou uma comissão nacional para promover a educação patriótica, chamada "comissão 1776", e defendeu o retorno da educação patriótica nas escolas.

Ao lado da grandeza nacional está a *pureza nacional*, a ideia de que a identidade da nação é definida pela identidade de um só grupo unificado que a exemplifica. Seu exemplo mais claro é o fascismo racial, que considera aquele grupo como uma raça biológica, com capacidades físicas e cognitivas próprias que a tornam maior do que outras raças. As formas religiosas de pureza podem desempenhar papéis semelhantes. Na ideologia do fascismo hinduísta, a Índia no passado era uma nação puramente hinduísta. Na ideologia do nacionalismo cristão branco americano, os Estados Unidos são um país cristão branco.

Com um sistema educacional que enfatiza a grandeza nacional e, sutil ou explicitamente, alguma versão de pureza nacional, torna-se fácil lançar as bases para o tropo político mais poderoso do fascismo. A teoria da grande substituição é o nome de um tipo de conspiração em que um inimigo interno tenta destruir a nação a partir de dentro, importando pessoas para "substituir" o grupo nacional definidor da nação. Uma população criada com mitos de grandeza nacional e pureza nacional é especialmente suscetível à teoria da grande substituição, pois acredita que sua nação é grande e que sua grandeza se deve à grandeza do grupo nacional definidor.

Em 1916, o eugenista americano Madison Grant publicou *The Passing of the Great Race* [O falecimento da grande raça], que deplorava a suposta substituição dos brancos nos Estados Unidos por negros e por imigrantes, inclusive judeus poloneses. Segundo Grant, esses grupos impunham uma ameaça mortífera à raça branca, que ele considerava ser a população nativa dos Estados Unidos. Ainda que Grant não objetasse à presença de negros nos Estados Unidos, ele insistia que deviam ser mantidos em posição subordinada. Seu livro era um exercício de racismo científico, sustentando que os brancos (em sua acepção limitada e específica de cristãos norte-europeus) são superiores a todas as outras raças em termos intelectuais, culturais e morais, e assim devem ocupar posição dominante na sociedade.

Grant fazia uso de uma poderosa corrente política de sua época. Nos anos seguintes surgiria o movimento "America First", opondo-se ao internacionalismo e à imigração. Em seu livro de 2018, *Behold, America: The Entangled History of "America First" and "The American Dream"*, a historiadora Sarah Churchwell retoma um ensaio de fevereiro de 1921 publicado por Calvin Coolidge, que em breve se tornaria vice-presidente do país, em *Good Housekeeping*, com o título "Whose Country Is This?" [De quem é este país?].[11] No artigo, Coolidge afirmava que os Estados Unidos tinham se tornado "um depósito de lixo" e precisavam restringir a imigração ao "tipo certo" – referindo-se explicitamente a algo como os brancos do norte europeu.

Foi também em 1921 que a segunda geração da Ku Klux Klan, que se iniciou no começo do século XX, adotou "America First" como parte de seu credo oficial. Com esse ardoroso engajamento com a supremacia branca e os papéis de gênero tradicionais, a segunda Klan concentrou seus esforços em difundir a paranoia sobre os "marxistas judeus" e suas tentativas de usar os sindicatos para promover a igualdade racial. Nesse meio-tempo, o industrial americano Henry Ford estivera financiando a publicação e distribuição de *The International Jew*, uma compilação de artigos alegando que os judeus estavam controlando os meios de comunicação e as instituições culturais como parte de uma conspiração global para destruir a nação americana.

A teoria da grande substituição desempenhou um papel central – e, originalmente, talvez *o* papel central – na propaganda nazista na Alemanha. Hitler era obcecado pela imigração estrangeira e sua suposta ameaça à pureza da nação germânica, escrevendo sobre a cidade de Viena: "Eu ficava enojado com o aglomerado de raças que a capital me mostrava, enojado com toda essa mistura de tchecos, poloneses, húngaros, rutenos, sérvios e croatas, e por toda parte o eterno fungo da humanidade – judeus e mais judeus".[12] Segundo a propaganda nazista, a traição judaica da Alemanha na Primeira Guerra Mundial era apenas o começo de um esquema maior para destruir a raça ariana. Para Hitler, os judeus pertenciam a uma raça estrangeira que se assimilara na Áustria e na Alemanha a fim de tomar o controle, espalhando uma ideologia de liberalismo e igualdade humana para efetuar a destruição dos arianos. Segundo Hitler, "[a] experiência histórica... mostra com aterradora clareza que, em toda mistura de sangue ariano com o de povos inferiores, o resultado foi o fim do povo culto".[13] Os judeus destruiriam os arianos, dizia ele, obtendo o controle da imprensa, difundindo a doutrina da igualdade humana, utilizando-a para justificar o casamento inter-racial e incentivando políticas que trariam grande quantidade de não brancos.[14] Hitler escreve em *Mein Kampf*:

> Com satânica alegria no rosto, o jovem judeu de cabelos pretos fica à espreita da jovem sem suspeita que ele conspurca com seu sangue, assim roubando-a de seu povo. Ele tenta, por todos os meios, destruir as bases raciais do povo que decidiu subjugar. Assim como arruína sistematicamente moças e mulheres, ele não vacila em derrubar as barreiras de sangue para outros, mesmo em grande escala. Foram e são os judeus que trazem os pretos à Renânia, sempre com a mesma ideia secreta e objetivo claro de arruinar a odiada raça branca com a bastardização necessariamente resultante, arremessando-a do alto de sua estatura cultural e política e ele próprio tornando-se o senhor dela.[15]

Pode-se ver uma preocupação semelhante com a substituição na Itália fascista, onde o ditador Benito Mussolini espalhou a paranoia racial sobre o declínio e a substituição da "raça branca". Em 1934, Mussolini escreveu que a defesa da raça branca era uma "questão de vida ou morte", dado "o avanço da quantidade e expansão das raças amarela e negra".

A teoria da grande substituição tem se demonstrado reiteradamente uma motivação para a matança em massa. Isso vale tanto para episódios históricos de limpeza étnica e genocídios quanto para exemplos contemporâneos, como a série de matanças em massa por pessoas não filiadas a um estado, empreendidas principalmente nos anos 2010 e 2020 – em alguns casos, por assassinos que se identificam como fascistas. Segundo essa repetição específica da teoria da grande substituição, conhecida como teoria da substituição *branca*, elites globais tentando diminuir o poder dos brancos têm possibilitado a imigração em massa de minorias de suposta "alta fecundidade".

Desde 2011, essa versão da teoria da grande substituição tem sido a motivação explícita para o assassinato de mais de 160 pessoas nessas matanças, incluindo o massacre de 77 pessoas perpetrado por Anders Breivik em 2011 na Noruega; o assassinato em massa de fiéis negros numa igreja em Charleston, na Carolina do Sul, em 2015; as mortes na sinagoga Árvore da Vida em 2018; o assassinato de 23 pessoas, na maioria imigrantes, numa loja em El Paso, no Texas, em 2019; o assassinato em massa de dez negros num supermercado em Buffalo, em Nova York, em 2022, também por um rapaz banco obcecado pela teoria da substituição branca.

Na ideologia nazista, eram judeus que estavam por trás do complô para substituir a população ariana da Alemanha por não arianos (tanto o assassino no supermercado em Buffalo em

2020 quanto o assassino na sinagoga Árvore da Vida acreditavam que os judeus estavam por trás da substituição branca). Dispomos de uma grande quantidade de dados históricos, a partir tanto do fascismo europeu quanto, mais recentemente, dos assassinatos em massa, de que a escolha de um grupo de pessoas como alvo e como inimigos internos responsáveis por substituir a nação por imigrantes é perigosa para elas (bem como para os que estavam supostamente fazendo a substituição, os "substituidores"). Nos Estados Unidos, Donald Trump tem adotado sistematicamente a teoria da grande substituição como tema de suas campanhas presidenciais e de sua administração, colocando a culpa do complô não sobre os judeus, mas sobre seus adversários políticos e os democratas de modo mais geral. Segundo essa ideologia, seus opositores políticos, os democratas, são marxistas secretos que procuram abrir as fronteiras para a imigração não branca, assim desalojando a raça branca em termos numéricos, culturais e políticos, usando os resultados para se colocar no poder em caráter perpétuo. É exatamente isso que Hitler alegava em relação aos judeus.

* * *

Enquanto a educação fascista serve muitas vezes para absolver a nação de seus pecados passados, ou para simplesmente apagá-los, a narrativa dominante hoje promovida nos Estados Unidos adota uma forma levemente distinta. Segundo essa versão, o país de fato cometeu pecados nacionais significativos – em especial a perpetuação da escravidão. Mas as sementes para a superação desses pecados se encontram nos documentos fundadores dos Estados Unidos, escritos por homens brancos heroicos – os pais fundadores –, cujo plano visionário para o país traçou um caminho não só para a absolvição, mas também para sua grandeza histórico-mundial de caráter único. A escravidão, segundo esse mito, foi erradicada por um branco, o presidente Abraham Lincoln, junto com o heroísmo de um Exército da União tipicamente apresentado como inteiramente branco. Por fim, os últimos vestígios do racismo foram dissolvidos pelas ações de um único negro, Martin Luther King Jr., cujas ideias radicais são reduzidas, nessa narrativa, a uma única frase de seu discurso "Eu tenho um sonho", de 1963, que é erroneamente interpretada como uma defesa da cegueira racial.

É claro que a ideia de que o racismo terminou nos Estados Unidos é flagrantemente falsa – mas igualmente falsa é a ideia de que os documentos fundadores do país fornecem uma base para a absolvição. Como explicou o historiador Greg Grandin num artigo em 2020, mesmo o impulso do país para buscar a independência da Grã-Bretanha estava ligado à expulsão e ao genocídio dos indígenas.

> Os revolucionários americanos podem ter discutido a escravidão e o lugar que o trabalho não livre teria numa república fundada sobre o ideal da liberdade. Mas havia uma coisa sobre a qual praticamente todos concordavam: o direito de avançar para o oeste. Os americanos britânicos, antes da ruptura com Londres, irritavam-se com a chamada "linha da proclamação". Seguindo ao longo da crista dos montes Alleghenies, a demarcação foi feita pela Coroa Britânica após sua vitória de 1763 na Guerra dos Sete Anos contra a França, na tentativa de confinar os colonos brancos na Costa Atlântica. Como já havia súditos britânicos atravessando as cordilheiras, a política se tornou uma grande fonte de indignação contra o domínio colonial.[16]

Como Grandin deixa claro, os fundadores eram homens complexos, com evidentes defeitos. Mas, em vez de retratar fielmente essa complexidade, os livros didáticos americanos muitas vezes optam por adotar uma narrativa mais simples, representando-os em termos grandiosos e hagiográficos. Uma descrição de George Washington no manual escolar de história *The American Pageant*, em sua edição de 1983, é um exemplo típico. O texto conta que Washington era um "fazendeiro da Virgínia, alto, de olhos azuis, constituição robusta, circunspecto [...] dotado de notável capacidade de liderança e imensa força de caráter". Jefferson, segundo o livro, "considerava a agricultura uma atividade essencialmente enobrecedora; mantinha os homens longe de cidades imorais, no ar livre ao sol e perto da relva – e de Deus". O livro não tem aqui nada a dizer sobre aqueles que supostamente também "se enobreceriam" com a agricultura: os americanos negros escravizados que eram propriedade e fonte de lucro para muitos dos fundadores.

O relatório da comissão 1776 do governo Trump saiu em janeiro de 2021. Sua finalidade, nas palavras do relatório de 2021, era apresentar:

> as aspirações e ações dos homens e mulheres que procuraram construir os Estados Unidos como uma cintilante "cidade numa colina" – uma nação exemplar, que protege a segurança e promove a felicidade de seu povo, como exemplo a ser admirado e seguido pelas nações do mundo que desejam guiar seu governo para maior liberdade e justiça. O registro do empenho de nossos fundadores e a nação por eles construída são nossa herança comum e se mantêm como um farol, como disse Abraham Lincoln, "não para um só povo ou uma só época, mas para todos os povos em todas as épocas".[17]

O relatório se atém em larga medida à narrativa padrão que reconhece superficialmente os pecados dos Estados Unidos, mas ao mesmo tempo declara-os antecipadamente absolvidos pelo incontestável igualitarismo dos pais fundadores – ignorando a responsabilidade do país pela escravidão e pelo genocídio dos indígenas – e pela aparente defesa de Martin Luther King Jr. em prol da cegueira racial. Segundo o relatório, as reivindicações de igualdade de King não traziam nenhuma crítica mais ampla aos Estados Unidos brancos:

> Ao liderar o Movimento pelos Direitos Civis, Martin Luther King Jr. estava ciente de que outros grupos, mais revolucionários, queriam lutar em termos de identidade de grupo. Em seu discurso "Eu tenho um sonho", King rejeitou a estereotipagem de ódio baseada numa identidade de grupo racializada. A "prodigiosa nova militância que engolfou a comunidade negra não deve nos levar a desconfiar de todas as pessoas brancas", advertiu ele. King se negava a definir os americanos em termos de identidades racializadas permanentes e conclamava os americanos a "erguer nossa nação das areias movediças da injustiça racial para a rocha sólida da fraternidade" e nos vermos como uma só nação unida por um credo político em comum e um mesmo compromisso com o amor cristão.[18]

* * *

Apesar das diferenças entre a narrativa mais sutil de inocência oferecida hoje nos Estados Unidos e a narrativa mais explícita oferecida no passado, as práticas fascistas continuam a tecer as instituições e a política do país. O fascismo, por exemplo, bebe nas poderosas emoções do medo e do rancor, que estão inter-relacionadas – um grupo dominante teme ser substituído e se ressente pela perda decorrente de status e poder. Podemos vê-las claramente em ação nos Estados Unidos, tanto historicamente quanto na atualidade. Em seu livro de 1935, *Black Reconstruction in America*, W.E.B. Du Bois examina como essas emoções eram exploradas por políticos brancos e elites ricas do Sul para que os brancos pobres se reunissem em turbas violentas – e, ao fim e ao cabo, para impedir o surgimento de um movimento trabalhista baseado nos interesses claramente comuns dos brancos pobres e dos negros pobres no Sul. Para essa arma contra um movimento trabalhista inter-racial de massas, foram fundamentais as práticas e estruturas que mantinham os cidadãos negros subordinados até mesmo aos cidadãos brancos pobres. Então os demagogos, com o respaldo de apoiadores ricos, podiam fomentar o pânico acenando com a perspectiva de que os cidadãos brancos pobres poderiam perder até mesmo essas pequenas vantagens na sociedade.

Uma versão dessa estratégia divisionista persiste até hoje, visível nas práticas estruturais que mantêm em grande medida os americanos brancos pobres em situação relativamente melhor, comparada à de seus análogos negros – atiçando os temores brancos de perder essa ligeira vantagem e, assim, dissuadindo-os frequentemente de formar alianças trabalhistas que poderiam trazer uma grande melhoria a suas vidas.

Nos Estados Unidos, as heranças da escravidão, o sistema Jim Crow e outras injustiças raciais de grande escala persistem sob formas diversas. Em 1969, ano em que nasci, o número de americanos encarcerados em prisões federais e estaduais quase chegava a 200 mil; em 2024, somente o número dos condenados à prisão perpétua em penitenciárias estaduais já era mais alto do que isso.[19] O número total de presos cumprindo pena em prisões estaduais e federais agora supera 1,2 milhão, e a população carcerária total (incluindo cadeias locais, centros de correção juvenil etc.) está por volta de 1,9 milhão de pessoas.[20] O sistema prisional americano encarcera uma quantidade desproporcionalmente enorme de pessoas negras. Em 2024, a população negra dos Estados Unidos correspondia a 14% da população total, mas a 42% da população carcerária.[21] Segundo os dados descobertos pela Prison Policy Iniciative sobre os índices carcerários globais em 2021, os Estados Unidos não só têm "o índice mais elevado de encarceramento do mundo", como também "cada estado americano encarcera mais pessoas per capita do que praticamente qualquer outra democracia independente do planeta".[22] O sistema é ruim para todos, mas recai de modo especialmente brutal sobre a população de 48 milhões de americanos negros nos Estados Unidos.

Além disso, os Estados Unidos levantam frequentes obstáculos à capacidade dos cidadãos negros de exercerem seu direito de voto. Ao contrário de muitas outras democracias, a imensa maioria dos estados americanos (num total de 48) não permite que a população carcerária vote – e, em vista do impacto desproporcional do sistema penal sobre os negros, isso significa que eles têm uma probabilidade significativamente maior do que a dos brancos de perder seus direitos de voto. Na Flórida, o atual governador republicano, Ron DeSantis, chegou a criar uma força policial eleitoral para sanar uma inexistente epidemia de fraude eleitoral – e, na disputa para as eleições de meio de mandato de 2022, ele anunciou a prisão de vinte pessoas acusadas de fraude eleitoral, o que acarretava potencialmente a pena de anos na prisão. Entre os vinte detidos, pelo menos treze eram negros, e todos pensavam que estavam se registrando ou votando dentro da lei. Tudo isso vem coroar os ataques jurídicos mais amplos de DeSantis contra os esforços de registrar mais eleitores negros, o que inclui a criação de um conjunto cada vez mais complicado de exigências para os grupos de registro eleitoral – e o drástico aumento das multas que podem recair sobre esses grupos por transgredi-las.[23] O que os Estados Unidos estão vivendo hoje é um retorno a práticas Jim Crow destinadas a intimidar os cidadãos e eleitores negros para que não participem da vida pública. Ao contrário do Terceiro Reich, o regime Jim Crow nunca foi plenamente derrotado e desmantelado. Pelo contrário, suas práticas têm persistido silenciosamente sob formas variadas e, embora às vezes tenham enfrentado reveses e obstáculos ao longo dos anos, como a Lei dos Direitos de Voto de 1965, esses obstáculos muitas vezes se demonstraram temporários ou superáveis. A Lei dos Direitos de Voto, por exemplo, tem sido amplamente esvaziada por uma série de decisões da Suprema Corte, começando em 2013 com *Shelby County v. Holder*.[24] Em inúmeros casos, leis racistas do passado e do presente são representadas como se fossem racialmente neutras – os *poll taxes*,* por exemplo, foram amplamente usados no Sul da época Jim Crow como forma de interditar direitos de cidadãos negros, visto que muitos deles não tinham condições de pagar tais impostos.

Em novembro de 2018, os eleitores da Flórida aprovaram a Emenda 4, que derrubou a lei estrita de interdição de direitos por crime. Em julho de 2019, o governador Ron DeSantis assinou um decreto aprovado pela legislatura da Flórida, exigindo que os cidadãos anteriormente condenados por algum crime pagassem todas multas e honorários em aberto antes de recuperar o direito de voto. Com efeito, este é um *poll tax* que mantém a interdição de direitos dos mesmos cidadãos aos quais a população da Flórida votara em maioria esmagadora por devolver o direito de voto. Precisamos entender o ataque aos sistemas educacionais nos Estados Unidos da mesma maneira – como uma tentativa de retomada de práticas Jim Crow na educação americana.

Nos Estados Unidos, as proibições ao ensino de conceitos como a teoria crítica de raça e o racismo estrutural servem para alavancar políticas fascistas. Sem um entendimento do

* *Poll tax*: espécie de imposto de valor fixo sobre cada adulto, sem referência a renda ou recursos, cujo pagamento era condição, sobretudo nos estados do Sul dos Estados Unidos, para votar. (N.E.)

racismo estrutural, das práticas que mantêm as hierarquias raciais (por exemplo, no sistema prisional), um observador branco pode ter dificuldade em enxergar as condições intoleráveis que impulsionam movimentos políticos como os protestos do Black Lives Matter de 2020. Para esse observador, os protestos podem parecer assustadores, movidos por uma fúria sem fundamento, resultantes de uma espécie de instabilidade mental – e, portanto, um movimento perigoso que exige uma reação violenta, caracteristicamente fascista.[25]

* * *

Como os fascistas temem uma "grande substituição" em que minorias sem merecimento se infiltram no país e em seguida se multiplicam até se tornar numericamente dominantes, então a procriação e o caráter sagrado da maternidade são elementos centrais na ideologia fascista. O papel das mulheres é manter a vantagem numérica do grupo dominante diante dos grupos minoritários de suposta "alta fecundidade", capazes de superá-lo por "procriarem mais". Assim, o fascismo tende a desencadear um pânico frente às baixas taxas de fecundidade no grupo racial dominante e, por outro lado, dá ênfase a papéis de gênero tradicionais. Isso ajuda os movimentos fascistas a atraírem o apoio de dois eleitorados essenciais – homens que se sentem enfraquecidos por papéis de gênero variáveis e conservadores sociais que procuram manter hierarquias patriarcais de longa duração. Em última análise, a defesa de papéis tradicionais de gênero pode ser vista como posição intrinsecamente antidemocrática, em conflito com os valores democráticos de igualdade e liberdade.

Podemos ver esse fenômeno, por exemplo, na Alemanha da era Weimar, que viveu um grande florescimento dos direitos das mulheres. Claudia Koonz, uma das grandes historiadoras americanas do nazismo, escreve:

> Com o retorno do bem-estar material, muitos alemães, especialmente os jovens, se sentiram libertados do legado do monarquismo e da guerra. O símbolo mais essencial da nova liberdade era a nova mulher – jovem, educada, com emprego, socialmente livre e autônoma. Depois que a guerra acabou com muitos estereótipos sobre a fragilidade feminina, que a cultura popular celebrou a liberação sexual e que a Constituição concedeu igualdade entre homens e mulheres nos anos 1920, a vida social abriu novos panoramas de liberdade.[26]

Os nazistas tomaram a "nova mulher" da república de Weimar como alvo de sua propaganda e de suas políticas. Hitler expôs as visões de seu regime sobre os papéis adequados das mulheres na sociedade durante um discurso à Liga das Mulheres Nacional-Socialistas, em setembro de 1934:

> O lema "emancipação das mulheres" foi inventado por intelectuais judeus e seu conteúdo foi formado no mesmo espírito. Nos áureos tempos da vida alemã, a mulher alemã não tinha necessidade de se emancipar. Ela possuía exatamente o que a natureza a incumbira de administrar e preservar; assim como o homem em seus bons tempos não tinha necessidade de temer que seria removido de sua posição em relação à mulher [...]
>
> Se é dito que o mundo do homem é o Estado, sua luta, sua prontidão em dedicar suas capacidades ao serviço da comunidade, então talvez se possa dizer que o mundo da mulher é menor. Pois seu mundo é o marido, a família, os filhos e o lar. Mas o que seria do mundo maior se não houvesse quem cuidasse e atendesse ao menor? Como o mundo maior poderia sobreviver se não houvesse ninguém para tomar a si os cuidados do mundo menor como o conteúdo de sua vida? Não; o mundo maior é construído sobre a as fundações desse

mundo menor. Esse grande mundo não pode sobreviver se o mundo menor não for estável. A Providência confiou à mulher os cuidados daquele mundo que é próprio dela, e apenas sobre a base desse mundo menor é possível se formar e se erguer o mundo do homem. Os dois mundos não são antagônicos. Complementam-se mutuamente, pertencem um ao outro assim como homem e mulher pertencem um ao outro.[27]

A política educacional nazista refletia essa visão, com caminhos diferentes para a educação dos meninos e das meninas. A educação das meninas incluía, por exemplo, contos e fábulas que glorificavam a maternidade e a vida rural, e se sobrepunha ao currículo socialmente conservador existente que os educadores progressistas de Weimar haviam contestado. Em última análise, a educação nazista das meninas preparava as mulheres para o trabalho no lar e colocava severas restrições à educação universitária.

O regime nazista também fomentava o pânico sobre os direitos das mulheres em termos mais amplos, incluindo o controle de natalidade e o aborto. Os nazistas consideravam o aborto como assassinato e, portanto, eram energicamente "pró-vida", na terminologia atual. Sua defesa da vida era seletiva, claro, e não se estendia a não arianos ou a arianos com deficiências, e assim eles apoiavam o aborto para essas populações, da mesma forma como apoiavam o assassinato para essas populações. No entanto, o aborto para mulheres arianas saudáveis era estritamente ilegal, e essa proibição era rigorosamente aplicada. Os nazistas vinculavam a obsessão com os índices de nascimento ao perigo colocado, segundo eles, pelas pessoas LGBTQ, representando tanto a "nova mulher" quanto as pessoas LGBTQ como ameaças fatais à instituição do casamento tradicional e, na verdade, à própria civilização ocidental. As autoridades nazistas estavam tão preocupadas com essas questões que, em 1936, criaram um ministério inteiramente dedicado a elas, a Agência Central do Reich para o Combate à Homossexualidade e ao Aborto.

Embora o fascismo italiano tenha iniciado com uma posição mais nuançada em relação ao feminismo, rapidamente ele se alinhou com a defesa de papéis de gênero tradicionais. A historiadora Victoria de Grazia escreve:

> Na nova Itália, os homens de verdade provavam sua virilidade [...] semeando uma prole numerosa. Um imposto punitivo pelo celibato masculino, aprovado com o número de decreto-lei real 2.132 em 19 de dezembro de 1926, foi uma das primeiras medidas pró-natalidade de Mussolini. No código penal de 1931, foram proibidos os atos homossexuais entre homens. Os funcionários públicos eram repetidamente intimados a se casar, e, após 1937, o casamento e o número de filhos se tornaram critérios de nomeação para carreiras no governo [...]. Especialmente para as mulheres italianas, o discurso do Dia da Ascensão, com sua ênfase em aumentar a taxa de nascimentos, assinalou um ponto de inflexão na política sexual nacional. Qualquer ilusão que ainda se alimentasse sobre a possibilidade de se desempenhar um papel ativo na nova ordem foi esmagada [...]. Acima de tudo, a maternidade perdeu os significados sociais especiais que quase todas as feministas italianas tinham invocado [...]. O papel procriador das mulheres agora definia potencialmente todos os aspectos de sua existência social. Assim, as mulheres italianas não só se viram diante de sua exclusão da política [...] mas também se arriscavam a ser excluídas de toda a esfera pública: seus direitos no local de trabalho, suas contribuições à cultura e seus serviços como voluntárias foram, todos eles, questionados pela mensagem oficial de que seu grande dever era criar os filhos da nação. E, pior, a autoridade do Estado agora se lançava à institucionalização dessa visão tradicional dos papéis femininos.[28]

Pode-se ver também essa fixação em papéis de gênero em movimentos fascistas americanos como a KKK. A encarnação inicial da KKK no final do século XIX, conhecida como a primeira Klan, não tinha representação feminina. Mas, no auge da popularidade da segunda Klan, nos anos 1920, formou-se uma seção auxiliar da organização especificamente reservada a mulheres, conhecida como As Mulheres da KKK, ou WKKK. A organização representava uma combinação idiossincrática de prioridades, defendo o voto feminino, mas também espalhando medos paranoicos de que em cada esquina havia homens negros prontos para estuprar mulheres brancas. Segundo a KKK e a WKKK, uma das responsabilidades primárias da KKK era preservar a inocência de brancas contra as depredações de pretensos estupradores negros. O objetivo disso, como no caso da Alemanha e da Itália fascistas, era assegurar a produção contínua de bebês do grupo dominante do país. Como a historiadora Nancy MacLean mostra detalhadamente, os integrantes da segunda Klan também se representavam como os defensores da família tradicional contra os papéis de gênero em mudança.[29]

Hoje, a direita radical dá continuidade à obsessão fascista do passado com os papéis de gênero tradicionais. No entanto, como assinalou o historiador Udi Greenberg de Dartmouth, há diferenças importantes entre as concepções fascistas dos papéis de gênero nos anos 1920 e 1930 e as presentes nos movimentos fascistas atuais.[30] Na ideologia nazista, a maternidade era incompatível com o trabalho – as mães deviam ficar no lar. Hoje, existem pessoas que se consideram fascistas e adotam essa ideia, endossando tendências online como a "tradwife", uma reinvenção da "traditional wife" [esposa tradicional], que trabalha cuidando de um lar em vez de seguir uma carreira. Mas há também movimentos de extrema direita contemporâneos que consideraram a maternidade plenamente coerente com o trabalho. Múltiplos partidos europeus de extrema direita até têm dirigentes mulheres (Giorgia Meloni é a primeira-ministra de extrema direita da Itália). Isso seria um anátema na Alemanha nazista. Nesses movimentos, o objetivo é promover programas de atendimento infantil para incentivar um aumento considerável no tamanho das famílias sem negar às mulheres o acesso ao local de trabalho.

Assim como os movimentos fascistas no começo do século XX na Alemanha, Itália e o Sul dos Estados Unidos, os movimentos fascistas contemporâneos muitas vezes dão grande ênfase à promoção de relações heterossexuais tradicionais e do casamento tradicional, ao mesmo tempo trabalhando para marginalizar e desvalorizar a vida *queer*.[31] Assim, faz sentido que esses movimentos se sintam ameaçados pela pedagogia que expõe os danos do patriarcado ou o viés institucional anti-LGBTQ. Quando comentaristas e políticos de extrema direita alegam que as escolas estão ensinando "ideologia de gênero", o objetivo deles é gerar raiva em seus públicos socialmente conservadores e, principalmente, fazer com que os homens sintam que seu status dominante está em risco, ameaçado pela intrusão de mulheres indevidamente ambiciosas ou por pessoas *queer* "indignas". Hoje, os movimentos fascistas fomentam entre muitos cidadãos o medo de que seus filhos, ao aprenderem sobre as críticas de normatividade de gênero ou sobre a perseguição passada e presente de pessoas *queer*, venham não só a sentir empatia, mas também uma identificação.

Um observador contemporâneo que tem falado sem rodeios sobre os papéis de gênero e a queda nas taxas de fecundidade é Allan Carlson, historiador aposentado da Faculdade de Hillsdale, em Michigan, de extrema direita; ele passou grande parte da carreira fixando sua atenção na redução da fecundidade como a causa do declínio da civilização ocidental. O que parecia motivá-lo era a crença de que a decadência das sociedades ocidentais teria enfraquecido "a família natural" e levado à diminuição da fecundidade. Como documentou Masha Gessen, jornalista, Carlson foi uma voz influente no desenvolvimento da base ideológica do fascismo russo contemporâneo. Nos anos 1990, seguindo-se ao turbilhão da queda da União Soviética, a Rússia estava às voltas com uma crise demográfica que a maioria dos cientistas sociais atribuía a expectativas de vida extremamente baixas – o país sofria incontestavelmente de uma crise de morte prematura em massa. Como Gessen explica em seu livro *The Future Is History: How Totalitarianism Reclaimed Russia* [O futuro é história: como o totalitarismo reconquistou a Rússia], Carlson forneceu aos conservadores sociais do país uma teoria alternativa atraente: "A explicação de Allan Carlson foi totalmente diferente. Os russos estavam morrendo porque o que ele chamava de 'família natural' estava em declínio".[32] Conforme descreve Gessen, Carlson ajudou a fundar uma organização, começando em 1997 com uma conferência descrita como "o Congresso Mundial das Famílias", em Praga, "dedicada à luta contra os direitos gay, os direitos de aborto e os estudos de gênero" em todo o mundo, com os russos na linha de frente. Em seu livro, Gessen mostra como a pauta socialmente conservadora do Congresso Mundial das Famílias ajudou a alimentar a ascensão do atual ditador fascista da Rússia, Vladimir Putin, que pelo menos desde 2006 considera o apoio das "famílias tradicionais" central para seu programa de renovação nacional.

A influência da Faculdade de Hillsdale e de seu corpo docente – especialmente o foco sobre o conservadorismo social e regras de gênero tradicionais – se estendeu não só à Rússia, mas também a outras partes dos Estados Unidos. A New College da Flórida, por exemplo, era até recentemente uma pequena instituição pública de primeira categoria. Mas, no começo de 2023, ela passou a participar do ataque do governador DeSantis, da Flórida, ao ensino público no estado, ao nomear seis apoiadores do político para o conselho de administração da faculdade, a fim de implantar grandes mudanças destinadas a transformá-la num bastião do conservadorismo. Um alto integrante nomeado por DeSantis declarou: "Nossa esperança é que a New College da Flórida se torne a faculdade clássica da Flórida, mais consoante com as linhas de uma Hillsdale do Sul".

O resultado dessa conquista foi uma espécie de masculinização agressiva do corpo discente, com atletas estudantis e uma grande ênfase num currículo mais voltado para os esportes. Segundo o relatório da Associação Americana de Professores Universitários sobre a investida da Flórida no ensino superior:

> A New College passou a recrutar um grande número de atletas estudantis, embora a instituição não tivesse tido nenhum programa esportivo interuniversitário. Gastando prodigamente em novas bolsas de estudos "*presidential honors*", a New College recrutou sua maior turma de primeiro ano. Em julho, a New College tinha 328 novos ingressantes, dos quais 115 eram atletas. Desse grupo, setenta calouros jogadores de beisebol haviam recebido bolsa. Em comparação, a Universidade da Flórida, que faz parte da primeira divisão da Liga de Basquete Universitário e que tem um corpo discente noventa vezes maior do que o da New College, conta com apenas 37 jogadores de beisebol com bolsa. A New College tampouco dispõe de um campo de beisebol e, aliás, de qualquer outra instalação atlética interuniversitária, embora, segundo foi informado a este comitê, agora tenha gaiolas de rebatidas. Como rapidamente apontaram docentes da escola, esses atletas-estudantes tendem a ter pouco interesse

> nos programas de artes liberais existentes na New College ou em qualquer currículo "clássico" proposto. Em agosto, o reitor Corcoran enviou um memorando aos membros do corpo docente, propondo novas especializações em finanças, comunicações e psicologia esportiva, "que vão atrair muitos de nossos atletas recém-ingressados". Mas, como a professora de francês [e catedrática] Amy Reid comentou no *New York Times*, não é muito claro "como a psicologia esportiva, as finanças e as comunicações se enquadram num modelo clássico de artes liberais".[33]

Segundo um relatório de março de 2023 do Movement Advancement Project (MAP), um *think tank* sem fins lucrativos, chamado "Apagando Pessoas LGBTQ das Escolas e da Vida Pública", a recente "enxurrada" de políticas restritivas nas escolas por todo o país faz parte de uma tentativa organizada de rebaixar e aviltar a juventude LGBTQ. Como afirma o relatório, os arquitetos dessas políticas "querem tornar impossível que a juventude LGBTQ frequente escolas". Procedem para esse fim "proibindo ou multando professores e escolas por falarem sobre pessoas ou questões LGBTQ, removendo livros das prateleiras das bibliotecas e proibindo que os professores apoiem estudantes LGBTQ. Em suma, querem que os jovens LGBTQ sejam tratados como se não existissem, e os que discordam serão demitidos, multados ou até presos".[34]

As proibições de bibliografia LGBTQ nas escolas vêm ocorrendo há décadas em vários estados, mas, em muitos casos, não entraram em vigor e foram gradualmente removidas ao longo dos anos. Como o relatório do MAP deixa claro, os Estados Unidos estão passando por um ressurgimento dessas leis, tendo à frente o estado da Flórida. Em março de 2022, esse estado aprovou a lei que veio a ser conhecida como "Don't Say Gay", proibindo aulas ou debates em classe sobre questões

LGBTQ no ensino primário. Em abril de 2023, o Conselho de Educação da Flórida ampliou a proibição até o último ano do secundário. (Em março de 2024, porém, uma decisão judicial limitou drasticamente a abrangência da lei, esclarecendo que só pode ser aplicada ao ensino formal em sala de aula.[35] Apesar disso, a lei alcançou em grande medida os efeitos pretendidos, fazendo com que estudantes LGBTQ e suas famílias se sentissem apartados e desvalorizados.) Uma série de outros estados decretou proibições semelhantes em currículos LGBTQ, entre eles Texas, Oklahoma, Louisiana, Mississípi, Alabama, Missouri, Kentucky, Indiana e Iowa (algumas dessas leis têm enfrentado resistência, por exemplo no Iowa). Como essas leis destacam pessoas *queer* como anormais e indecentes, não só fazem com que crianças LGBTQ se sintam ostracizadas, mas também ensinam a seus colegas que elas são diferentes e problemáticas.

Os cidadãos LGBTQ constituem o inimigo interno ideal do fascismo. Como os judeus assimilados da Alemanha, podem parecer indiscerníveis entre os outros integrantes da nação. Ao banir suas perspectivas das escolas e alegar que sua mera existência é de algum modo obscena, os políticos conservadores incentivam membros do grupo dominante a olhá-los com repulsa e desprezo. Esses sentimentos de intolerância se opõem frontalmente ao ideal de liberdade da democracia, que requer que todos sejam livres para viver como queiram e amar quem queiram. Os movimentos fascistas, portanto, podem usar esses sentimentos para virar os cidadãos contra a própria democracia.[36]

* * *

A educação e a propaganda fascistas são duramente contrárias à esquerda, alegando que marxistas e socialistas estão por trás de tudo o que há de errado na nação, especialmente em escolas e universidades. Para os movimentos fascistas, qualquer acadêmico cuja pesquisa ameace os mitos de grandeza nacional, inocência nacional ou pureza nacional pode ser considerado marxista ou socialista e, portanto, inimigo nacional. Como a educação fascista se concentra exclusivamente na glorificação da nação e de seu grupo dominante, qualquer aula de história que apresente as perspectivas de populações minoritárias ou abranja movimentos sociais como o movimento trabalhista é uma antítese desse projeto.

Tais atitudes ficam claramente evidentes nos movimentos contemporâneos de extrema direita nos Estados Unidos. A Hillsdale College, por exemplo, oferece um curso gratuito online, chamado "The American Left: From Liberalism to Despotism" [A esquerda americana: do liberalismo ao despotismo]. A descrição online do curso pinta uma imagem sombria do poder e do alcance das forças subversivas de esquerda:

> A política americana se transformou em anos recentes, quando grandes parcelas da burocracia federal, das forças armadas, dos meios de comunicação e dos setores empresariais dos Estados Unidos adotaram as ideias da Esquerda radical dos anos 1960.
>
> Essa transformação trouxe ideias como transgenerismo, política identitária e governo global – que antes estavam relegadas às margens da academia – para a corrente dominante da vida pública americana. Pode-se ver o resultado dessa mudança na ideologia de gênero radical impingida nas salas de aula de nossa nação, no estado de ilegalidade da nossa fronteira e de muitas de nossas cidades e nas políticas econômicas que continuam a esvaziar a classe média americana.[37]

O curso representa, de um lado, a esquerda como uma ameaça fatal aos valores americanos e, de outro, o liberalismo dominante como irremediavelmente preso em suas garras. O curso conclui afirmando que a única maneira de salvar o país é derrotar a ambos.

Vemos o uso do termo "marxismo" como um apelido para qualquer programa educacional contra o qual os conservadores levantam objeções em seus ataques recentes à teoria crítica da raça nos Estados Unidos. Muitas vezes, esses ataques alegam que a teoria crítica da raça é um ramo de uma área nebulosamente definida a que chamam de "marxismo cultural". Como assinalou a estudiosa da mídia Moira Weigel num artigo recente, praticamente ninguém jamais se identificou como "marxista cultural" – a expressão é quase sempre usada de forma pejorativa.[38] Os conservadores que usam esse rótulo parecem entendê-lo como referência a um programa que conclama ao uso de um suposto instrumental marxista para destruir por dentro a "civilização ocidental", exaltando perspectivas das minorias em escolas e universidades. Tal como na propaganda nazista, diz-se que esse plano teria sido montado por um grupo formado basicamente por intelectuais judeus (neste caso, a Escola de Frankfurt), cujos ensinamentos supostamente teriam inspirado os americanos negros a participar da guerra racial. Weigel escreve:

> Ao mesmo tempo, ao "provar" que o marxismo cultural "gerou" a TCR [teoria crítica da raça], esses autores vinculam a TCR a uma imagem bem-estabelecida do inimigo. O marxismo é o que Ahmed (2014) chama de significante "pegajoso". Veio a ficar emocionalmente carregado durante uma longa história de declarações a seu respeito, inclusive a teoria conspiratória de que o marxismo seria um complô de cosmopolitas judeus para convencer os não brancos a derrubarem a civilização branca. Essa ideia ressoa em narrativas sobre a Escola de Frankfurt como inspiradora da TCR, e a TCR, como inspiradora do movimento Black Lives Matter.

A educação fascista, assim como prepara os cidadãos a serem receptivos à teoria da Grande Substituição, também os prepara a ficarem alertas a acusações de marxismo, recuando de qualquer instituição, política ou pessoa associada à ideologia. Na educação fascista, os estudantes são ensinados a considerar qualquer coisa "marxista" perigosa, estrangeira e repulsiva. A partir daí, os políticos podem usar o termo de forma estratégica, para dissuadir os cidadãos de se juntarem a movimentos sociais ou políticos potencialmente subversivos.

* * *

O fascismo é uma ideologia tipicamente utilizada para justificar a violência de Estado contra adversários políticos como, por exemplo, populações minoritárias, membros de sindicatos trabalhistas ou qualquer pessoa suspeita de ser marxista. É uma ideologia que elimina os direitos das mulheres, obrigando-as a voltar para o lar. Representa os cidadãos e cidadãs LGBTQ como desviantes e criminaliza essa sua representação. E é utilizada para justificar o tratamento brutal e desumano de imigrantes.

Os estudiosos do fascismo muitas vezes assinalam que a ideologia precisa ter uma base material para obter algum êxito significativo – uma aguda queda na atividade econômica, por exemplo, uma constrangedora derrota numa guerra ou uma derrota nas eleições. Observa-se com menos frequência, mas é igualmente verdade que o fascismo também precisa ter uma base ideológica. As teorias conspiratórias fascistas (por exemplo, da grande substituição ou da presença de bolcheviques escondidos por todas as partes) certamente se mostram eficientes numa população preocupada com seus empregos ou transbordante de rancor devido a uma derrota militar humilhante. Mas uma população criada com narrativas de grandeza nacional e pureza nacional também será suscetível à política da teoria da grande substituição.

Há uma linha de continuidade entre o nacionalismo supremacista, abordado no capítulo anterior, e o fascismo. O duradouro foco do sistema educacional alemão sobre a supremacia alemã, mesmo antes da ascensão dos nazistas ao poder, pavimentou o caminho para a guinada do país rumo ao fascismo. Quando o sistema educacional de um país o representa dotado de uma excepcionalidade única no mundo, elevando-se em sua grandeza e inocência sobre todas as nações, aquele país se torna suscetível à ideologia autoritária e violenta do fascismo.

5

Antieducação

Recapitulando o que vimos até agora, a educação fascista opera apagando estrategicamente versões da história e dos fatos correntes que incluam perspectivas diversas, estreitando o escopo do que pode ser ensinado aos estudantes até se reduzir a um único ponto de vista, que é formulado especificamente para justificar e perpetuar uma hierarquia de valor entre os grupos. Esse estreitamento é incompatível com a democracia multirracial, é a própria antítese do igualitarismo e traz a possibilidade de conjurar a violência de massa.

Mas essa não é a única maneira como os movimentos autoritários tentam manipular as populações para que aceitem a supremacia de um grupo dominante único. Às vezes, eles também utilizam uma estratégia ainda mais devastadora, destruindo qualquer realidade em comum que possa servir de base para uma ampla aliança entre cidadãos contra o poder. Procuram alcançar esse resultado destruindo a própria instituição do ensino público.

Um tema hoje presente entre os políticos de direita nos Estados Unidos é que as universidades, inclusive o núcleo fechado e privilegiado das faculdades e universidades de elite, são viveiros de formas variadas de marxismo. E, no entanto, muitos desses mesmos políticos são frutos da Ivy League. O senador Ted Cruz, do Texas, estudou na Universidade de Princeton e depois na Faculdade de Direito de Harvard. O governador Ron DeSantis, da Flórida, estudou na Universidade Harvard e na Faculdade de Direito de Harvard. O senador J.D. Vance, de Ohio,* estudou na Faculdade de Direito de Yale. A congressista Elise Stefanik se formou na Universidade Harvard. Tom Cotton denunciou sua alma mater por seguir "políticas de 'diversidade' racistas e marxistas, ao mesmo tempo que tolera o antissemitismo".[1] Ron DeSantis (falando de Harvard) disse: "[A]gora há nos campi universitários uma podridão intelectual e moral".[2] DeSantis colocou o ataque às universidades em lugar central de sua política. Ted Cruz publicou um livro alertando que o "marxismo cultural" estava se apossando do ensino, transformando as universidades em "universidades marxistas".[3] Políticos formados nessas universidades, de fato em data bastante recente, têm denunciado de uma ou outra maneira as faculdades e universidades de elite, apresentando-se como cidadãos comuns lesados pelos supostos radicalismos marxistas traiçoeiros e antiamericanos dessas universidades (inclusive Harvard).

A carreira política de Stefanik certamente deve muito aos benefícios e privilégios de sua educação em Harvard, onde foi líder estudantil no Instituto de Política de Harvard. Depois de se formar, ela ocupou um cargo na equipe do governo George W. Bush. E, no entanto, de repente ela converteu seus ataques ao ensino superior, "a responsabilização do ensino superior", numa de suas controvérsias mais conhecidas.[4]

A invasão israelense de Gaza em 2023 se deu em reação a um pavoroso ataque terrorista do Hamas em 7 de outubro

---

* Atual vice-presidente dos Estados Unidos. (N.E.)

contra israelenses. Existem muitas reações possíveis a massacres terroristas. Invasões violentas, tendo como alvo populações civis, não têm um bom histórico de êxito. Durante a invasão israelense de Gaza, Israel bombardeou populações civis e criou as condições para a fome entre a população palestina de Gaza. Em outras palavras, Israel cometeu atos que são legitimamente considerados crimes de guerra, além de ser considerados genocídio segundo a Convenção para a Prevenção e a Repressão do Crime de Genocídio (ONU, 1948), a qual entende "submeter intencionalmente o grupo a condições de existência capazes de ocasionar-lhe a destruição física total ou parcial" como ato genocida.[5] Não é de surpreender que as ações do exército israelense tenham gerado amplos protestos contra a guerra em campi universitários por todos os Estados Unidos. É um velho costume da política de direita americana utilizar os protestos nos campi contra uma guerra para atacar e deslegitimar as universidades. Ronald Reagan concorreu ao governo da Califórnia em 1966 atacando os protestos antiguerra nos campi e qualificando-os de "tumulto" e "anarquia".[6] Numa carta escrita logo após assumir o cargo em 1967, Reagan escreveu: "Até que ponto vamos tolerar essas pessoas e esse lixo sob a desculpa da liberdade acadêmica e da liberdade de expressão?".[7] O ataque da direita às universidades devido aos protestos nos campi contra a Guerra de Gaza de 2023 é uma aplicação rotineira dessa duradoura tática de representar os protestos antiguerra em campi como turbas violentas, num esforço de deslegitimar universidades, docentes e estudantes. Mas a ele se soma a alegação de que os estudantes em protesto (mesmo os judeus) estão formando turbas violentas *antissemitas*. Isso é, compreensivelmente, muito preocupante para americanos de todas as filiações políticas.

Numa audiência do Congresso federal sobre o crescimento do antissemitismo nos campi de faculdades e universidades no final de 2023, durante essa onda de ativismo estudantil em reação à guerra de Israel em Gaza, Stefanik tomou Claudine Gay, Mary Elizabeth Magill e Sally Kornbluth – reitoras, respectivamente, da Universidade Harvard, da Universidade da Pensilvânia e do Instituto de Tecnologia de Massachusetts (MIT) – como alvos de perguntas incendiárias sobre as políticas de suas universidades. Depois de alegar que os cantos de "intifada" dos estudantes em protesto eram conclamações ao genocídio do povo judeu – uma distorção e uma mensagem que os estudantes claramente rejeitavam –, Stefanik perguntou às três reitoras universitárias se a conclamação ao genocídio do povo judeu não constituía um assédio a suas universidades. As três reitoras deram respostas legalistas, abstendo-se de oferecer uma resposta definitiva e dizendo que dependia do contexto. Não poderiam, honestamente, ter feito de outra maneira – políticas que regem o assédio devem, claro, levar em conta o contexto. Mas as respostas legalistas não funcionaram bem como teatro político. Logo após a audiência, a reitora da Universidade da Pensilvânia foi obrigada a renunciar ao cargo.[8]

Aproveitando a onda gerada por essa convulsão, logo se iniciou uma campanha de pressão para a saída de Claudine Gay, que também vinha a ser a primeira reitora negra de Harvard. Christopher Rufo, o tremendo estrategista político de extrema direita, acusou Gay de plágio, sem qualquer relação com o caso, alegando que ela teria copiado de forma praticamente idêntica frases de artigos de outros acadêmicos em seu trabalho, mas não os argumentos. Um gestor bilionário de fundos de cobertura e doador de Harvard chamado Bill Ackman logo se somou ao ataque.[9] Ao fim e ao cabo, a campanha deu certo – Gay renunciou em janeiro de 2024. Numa declaração feita logo a seguir, Stefanik alardeou vitória e aproveitou a ocasião para afirmar a necessidade de um "acerto de contas" com a "decadência moral, a preguiça intelectual e um perigoso pensamento de grupo radical" das universidades de elite, inclusive a que desempenhara um papel tão central em sua própria carreira política. "Nossa robusta investigação congressual", disse ela, "prosseguirá para expor a podridão em nossas instituições de ensino superior mais 'prestigiosas' e prestar contas ao povo americano."[10]

Gay chegara ao cargo com credenciais acadêmicas impecáveis e uma trajetória de carreira que seguia o padrão de muitos outros reitores das principais universidades. Antes, tinha sido a diretora muito admirada do Instituto de Ciências Sociais em Harvard e então se tornou diretora da Faculdade de Artes e Ciências.[11] Então foi nomeada para a reitoria em 2023. E, embora pareça que Gay realmente copiou frases de artigos acadêmicos, ninguém sugeriu que as novas ideias expostas em sua pesquisa fossem de alguma forma falsificadas ou tomadas a terceiros, o que seria um delito muito mais grave.[12] Muitos ficaram com a impressão de que Gay foi visada não por qualquer preocupação com a integridade acadêmica, mas por outras razões, inclusive e, talvez, principalmente, pelo fato de ser negra e ter sido nomeada para dirigir uma instituição com um perfil sem igual na sociedade.

Como Christopher Rufo deixou claro numa entrevista ao site *Politico*, o ataque a Claudine Gay fazia parte de uma investida maior contra as instituições nos Estados Unidos. "Sigo o mesmo manual quanto à teoria crítica da raça, à ideologia de gênero, à DEI no funcionalismo público", disse ele. "Por enquanto, dada a estrutura de nossas instituições, essa é uma estratégia universal que a direita pode aplicar à maioria das questões. Penso que demonstramos que ela pode ter sucesso."[13] Os ataques a Gay seguem a mesma estratégia usada com grande eficiência pelo senador Joseph McCarthy e outros fomentadores da Ameaça Vermelha durante a guerra ideológica contra a esquerda americana nos anos 1940 e 1950 – perseguindo incansavelmente um grupo seleto de indivíduos de destaque a fim de amedrontar a dissidência em grande escala.

Desde a redação deste livro, não há qualquer sinal de que essa retomada mais recente do ataque de direita às universidades irá cessar. Em abril de 2024, a reitora Minouche Shafik, da Universidade Columbia, foi levada à presença de uma comissão do Congresso (cuja conduta veio a se mostrar suspeitamente semelhante à da Comissão Parlamentar de Atividades Antiamericanas dos anos 1940 e 1950), enfrentando as mesmas acusações de permitir que o antissemitismo (isto é, os protestos contra as ações de Israel em Gaza) florescesse no campus da universidade. A reação de Shafik foi capitular ao ataque da comissão contra sua universidade, concordando com as acusações espúrias e prometendo reprimir os protestos. Seu depoimento à comissão e suas ações subsequentes, chamando a polícia de Nova York para retirar e prender os manifestantes estudantis, desencadeou uma série de acampamentos de boicote em campi por todo o país, ao que muitas universidades responderam com uma dura repressão militarizada dos estudantes em protesto. As mesmas forças de direita que vinham durante décadas atacando as universidades encontraram uma arma que podem empregar cinicamente para atrair doadores ricos e pessoas que, de outra forma, talvez não apoiassem essa missão da direita de deslegitimar as universidades.

Podemos ver os mesmos tipos de ataques em outros países com regimes de extrema direita. Uma das primeiras providências que o governo de Narendra Modi tomou quando ele assumiu o poder em 2014 foi tomar como alvo as universidades de elite, "adotando medidas como registrar queixas policiais contra professores que davam aulas sobre temas que lhes desagradavam".[14]

Desde então, as universidades indianas, públicas e privadas, têm sido submetidas a ataques fulminantes contra sua autonomia e liberdade, mirando basicamente questões de tolerância religiosa. Devangana Kalita e Natasha Narwal eram estudantes em Délhi e ambas fundaram o coletivo estudantil Pinjra Tod, formado para contestar o tratamento desigual a homens e mulheres nas pensões estudantis. Em 2020, o Pinjra Tod teve papel central na organização de protestos estudantis pacíficos em campi universitários contra a Lei de Emenda à Cidadania da Índia de 2019, que dava tratamento preferencial a habitantes não muçulmanos da Índia para obtenção de cidadania. Em reação a esses protestos pacíficos, que foram falsamente representados na mídia como parte de motins violentos em Délhi, as duas fundadoras do Pinjra Tod foram detidas e presas, acusadas de incitação a motim, tentativa de assassinato, sedição e uma série de outros crimes. Atualmente estão em liberdade provisória sob fiança.[15] Agora as universidades na Índia estão sob cerrada vigilância a fim de detectar sinais de um dito sentimento "anti-indiano". Entre esses sinais está a defesa do liberalismo, inclusive a defesa de direitos iguais para a população muçulmana da Índia.

Esse ataque não poupou as universidades particulares da Índia. Pratap Bhanu Mehta é um teórico político de renome mundial e crítico do partido dirigente da Índia, o Partido Bharatiya Janata (PBJ), que em 2017 se tornou o vice-reitor da Universidade Ashoka, na Índia. Em 2021, os administradores do conselho universitário teriam lhe dito que "suas intervenções intelectuais eram coisas que eles não poderiam mais proteger".[16] Em decorrência disso, Mehta renunciou ao cargo de vice-reitor e deixou o corpo docente. É de se presumir que apoiadores do governo autocrático indiano encontraram uma forma de pressionar a Ashoka, que é uma universidade privada e, assim (teoricamente), não responderia ao governo.

A Universidade Jawaharlal Nehru é uma das universidades de elite na Índia, uma instituição intelectual liberal, como uma das grandes universidades nos Estados Unidos, que forma a "nata" intelectual de um país. Seus professores e estudantes têm sido alvo de duros ataques do governo nacionalista hinduísta e seus apoiadores.[17] Essa retórica tem instigado turbas violentas a atacarem estudantes no campus. Novos administradores nacionalistas hinduístas recém-contratados têm aplicado suspensões aos estudantes por protestos e manifestações, assim como agora fazem vários reitores universitários nos Estados Unidos. Em suma, o governo nacionalista hinduísta da Índia está voluntariamente destruindo suas melhores universidades. É o mesmo processo, mas em fase mais adiantada, que ocorre hoje nos Estados Unidos.

Como vimos, alguns dos principais políticos dos Estados Unidos que denunciam as instituições de ensino superior como fábricas de doutrinação esquerdista estão entre as pessoas que mais se beneficiaram com elas. E seus pares com um histórico escolar mais modesto tendem a ignorar o fato de que estão participando de um movimento político conservador em grande medida dirigido por pessoas formadas na Ivy League. É forçar demais a credulidade supor que as instituições que formaram pessoas que estão entre os atuais políticos mais extremados, mais direitistas e antidemocráticos do país estejam hoje empenhadas numa "doutrinação liberal". Os fatos indicam claramente outra situação. Em qualquer país com instituições de elite, as pessoas que se formaram nelas constituem como que uma classe dirigente e, na maioria dos casos, essa classe dirigente será composta por pessoas de diversas concepções políticas. No Reino Unido, por exemplo, grande parte da elite política (inclusive aqueles com tendências ideológicas drasticamente distintas) é constituída há séculos por egressos de instituições de ensino superior privilegiadas e de suas duas principais universidades, Oxford e Cambridge.

Em tais países, dessas principais instituições surgirão políticos ávidos por poder de diversas ideologias políticas, ansiosos por conquistar e manter posições importantes. Para muitos deles – em especial aqueles cuja hostilidade aos interesses econômicos das pessoas comuns os impede de ganharem popularidade pelos méritos de suas ideias –, uma política de falso antielitismo é o caminho mais seguro para atingir o poder pelo qual anseiam. A essa luz, a hipocrisia dos políticos republicanos formados na Ivy League faz pleno sentido. As instituições de elite também dão a esses políticos sedentos de poder as habilidades necessárias para difundir sua ideologia extremista, direitista, antidemocrática – e, no caso desses falsos populistas específicos, a rede e as conexões para uma difusão eficiente.

Tal como o Reino Unido, os Estados Unidos têm uma estrutura de classes montada em torno das universidades do mais alto nível, que fornecem o acesso a redes de poder e riqueza. Enquanto tais, elas são alvos plenamente legítimos do ressentimento de massa. Mas seus críticos de direita costumam seguir outra linha de ataque, denunciando essas instituições como viveiros do marxismo. Na verdade, elas são a antítese do marxismo, o qual, claro, é uma filosofia política que rejeita as hierarquias de classe.

Embora eu pessoalmente não seja marxista, sinto-me à vontade para dizer que nenhum marxista apoiaria a missão e o papel das universidades de elite, e nenhum marxista se sentiria especialmente inclinado a dar aulas numa delas. O desprezo por tais instituições, devido a seu papel de promover e manter hierarquias de classe, é em si mesmo uma posição marxista. Quando os políticos de direita estabelecem um elo absurdo entre as universidades de elite e filosofias igualitárias como o marxismo e o socialismo, alguma outra coisa está em andamento. Se olharmos o que está acontecendo nas melhores universidades indianas, podemos ver um futuro próximo sombrio, mas plausível, para as universidades americanas.

Uma das ameaças mais significativas que pode se apresentar a uma hierarquia de classes é um sistema educacional público de grande excelência e acesso universal. A filosofia política que sente essa ameaça de modo mais agudo – e que une a hostilidade em relação ao ensino público com o apoio à hierarquia de classes – é uma certa forma de libertarianismo de direita, uma ideologia que vê o livre mercado com a fonte da liberdade humana. Esses tipos de libertários se opõem à regulamentação governamental e a praticamente todas as formas de serviços públicos, inclusive o ensino público. O objetivo político dessa versão da ideologia libertária é o desmantelamento dos serviços públicos. O desmantelamento do ensino público conta com o respaldo de oligarcas e elites empresariais, que veem a democracia como uma ameaça a seu poder e a tributação necessária para os serviços públicos como uma ameaça à sua riqueza. As escolas públicas são o serviço público democrático fundamental. Assim, é plenamente lógico que os opositores da democracia, incluindo os movimentos fascistas e de tendências fascistas, juntem forças com os libertários de direita para minar totalmente a instituição do ensino público.

Um dos pioneiros da onda de ataques a universidades públicas em anos recentes foi o ex-governador do Wisconsin, Scott Walker, que se notabilizou pelo empenho em solapar o renomado sistema universitário público de seu estado. A partir de sua candidatura ao governo do estado em 2010 e ao longo de toda sua carreira política subsequente – que incluiu dois mandatos naquele cargo, além de uma candidatura à presidência dos Estados Unidos em 2016 –, Walker aproveitou todas as oportunidades para desvalorizar o ensino superior e dificultar o funcionamento do sistema universitário. Como explicou a jornalista Karin Fischer num artigo de 2022 para a revista *Chronicle of Higher Education*, chamado "A Playbook for Knocking Down Higher Ed" [Manual para a derrubada do ensino superior], essa luta está no centro da ideologia política de Walker:

> Scott Walker [...] foi o governador antieducação. Durante seus dois mandatos, o republicano do Wisconsin tomou reiteradamente as faculdades estaduais e seus servidores como alvos políticos, criticando-os como inúteis e sem contato com a realidade, questionando o que era ensinado nas salas de aula e contestando seu valor. Quando deixou o cargo, em 2019, Walker havia cortado os orçamentos universitários, eliminado as proteções da titularidade docente e a autonomia universitária e proposto eliminar a Ideia Wisconsin, salvaguardada pela lei estadual, que ressalta a importância da educação superior para o estado e a sociedade.[18]

A ofensiva de Walker obteve, de fato, tanto êxito no nível estadual que se tornou modelo para uma campanha nacional da direita contra o ensino superior e ajudou a arregimentar poder político republicano por trás daquela iniciativa. Como J.D. Vance, formado na Faculdade de Direito de Yale, declarou num discurso na Conferência Nacional do Conservadorismo, repetindo as palavras do ex-presidente Richard Nixon, "os professores são o inimigo".[19]

Para as instituições que ajudam a coordenar esses ataques, a tarefa de sabotar a educação e a investida contra a democracia estão profundamente entrelaçadas. Segundo um relatório de 2021 do *Politico*, Jessica Anderson, que então era a diretora-executiva do braço jurídico da Heritage Foundation, apontou a teoria crítica da raça como "uma das duas questões principais em que seu grupo está trabalhando, ao lado dos esforços em endurecer as leis eleitorais".[20] No Projeto 2025, o plano geral para um segundo governo Trump organizado pela Heritage Foundation, uma seção referente ao Ministério da Justiça recomenda que a alçada para crimes eleitorais da Divisão dos Direitos Civis seja transferida para a Divisão Penal, onde podem ser processados judicialmente com maior assiduidade e consequências potencialmente muito maiores para os visados. Os "crimes eleitorais" que o Projeto 2025 recomenda que sejam tão agressivamente processados são, por exemplo, o "registro eleitoral fraudulento, incluindo a fraude no voto pelo correio" (coisa que não é documentada em qualquer quantidade significativa em parte alguma do país). Se implantados, tais planos poderiam resultar em acusações penais contra aqueles que nada fazem além de participar de um mutirão de registro eleitoral, e certamente poderiam ser usados para obstruir outros programas para ampliação do acesso ao voto.[21]

O Instituto Manhattan, um influente *think tank* de direita, tem da mesma forma dado prioridade a ataques contra o ensino público, patrocinando uma iniciativa contra a teoria crítica da raça encabeçada por Christopher Rufo, o estrategista que também ajudou a remover Claudine Gay da reitoria de Harvard. Rufo desenvolveu um método encarniçadamente repetitivo de atacar escolas e universidades, vinculando-as a essa teoria acadêmica de nome assustador, que ele e seus apoiadores usam com um significado totalmente inventado, e empregando essa acusação enganadora para afirmar que as instituições abandonaram sua verdadeira finalidade educacional em favor de uma ideologia perigosa que ameaça a nação.

Essa estratégia parece estar em ascensão nos círculos republicanos. Ao que tudo indica, Rufo deu um importante auxílio para a formulação da pauta educacional do governador

Ron DeSantis, da Flórida. Num artigo de março de 2023, o jornalista Michael Kruse discorre sobre o relacionamento entre eles:

> Em parte mercenário e em parte emissário, um misto entre um nerd de *think tank* e um troll de redes sociais, Rufo tem sido, no último ano e meio, uma fonte importante e um sucedâneo daquilo que DeSantis pretende atingir – conselhos escolares e ensino superior, Disney e questões de ensino e tolerância de gênero e sexualidade, o amplo leque de políticas que DeSantis descreve como "anti-*woke*"*, e tem sido o principal combustível político de sua ascensão pós-pandemia.[22]

Na malograda campanha para a indicação de seu nome pelo Partido Republicano para a eleição presidencial americana de 2024, DeSantis denunciou a ideologia esquerdista pró-justiça social que promove a abertura das fronteiras, o secularismo, a igualdade LGBTQ e os altos índices de criminalidade em áreas urbanas. Para combater essa influência perniciosa, DeSantis propôs várias restrições curriculares referentes a questões raciais e sociais, e – numa aparente imitação do ataque da Hungria à Universidade Centro-Europeia – iniciou sua investida contra a New College da Flórida, na esperança de criar uma espécie de estudo de caso sobre as formas de desmantelar uma respeitada instituição acadêmica. A hostilidade crescente de DeSantis em relação ao ensino superior no estado se tornou tão preocupante para a Associação Americana de Professores Universitários que a

* *Woke*, de "stay woke", ou "continue acordado". O termo surgiu primeiro na comunidade afro-americana, no sentido de estar alerta para a injustiça racial. Mais recentemente "woke" tornou-se sinônimo de políticas liberais ou de esquerda, que defendem temas como igualdade racial e social, feminismo, o movimento LGBTQIA+, o uso de pronomes de gênero neutro, o multiculturalismo, a vacinação, o ativismo ecológico e o direito ao aborto.(N.E.)

organização montou um comitê especial sobre Interferência Política e Liberdade Acadêmica no Sistema de Ensino Superior Público da Flórida.[23]

No relatório resultante, o comitê descreve detalhadamente como a direita procedeu a uma tomada e ocupação total da estrutura de governo no cerne do ensino superior público na Flórida, do conselho de diretoria do Sistema Universitário do Estado, responsável pela supervisão das doze universidades públicas do estado e por um total de cerca de 350 mil estudantes, bem como dos conselhos administrativos de cada universidade. Ao preencher os cargos nesse corpo de dezessete membros, DeSantis nem sequer fingiu avaliar os candidatos com base em seus méritos – como observa a Associação Americana de Professores Universitários, seus nomeados foram, de modo geral, "ex-ocupantes de cargos políticos [republicanos] e agentes políticos profissionais". Quando o relatório da associação foi publicado, toda a estrutura de governo do sistema universitário já estava dominada não só por republicanos, mas por republicanos leais a DeSantis. Em decorrência disso, segundo o relatório, a "tendência crescente do conselho tem sido a de seguir a liderança do governador e seus aliados na maioria qualificada legislativa [republicana]". A seguir, o relatório cita um "docente veterano da Universidade da Flórida", o qual observa que os membros atuais do conselho e os administradores estão preocupados sobretudo com sua relação com o governador, e não com o bem-estar do sistema universitário.[24]

O relatório sugere que também as reitorias das universidades públicas da Flórida estão sendo entregues como favor político aos apoiadores leais, em vez de serem concedidas a candidatos com um histórico de administração séria e de claro compromisso com a integridade da instituição. Como a cientista política e docente universitária Sharon Wright

Austin explicou aos autores do relatório: "O governador não gosta de críticas nem que ninguém o conteste [...]. Os reitores universitários não deveriam ser fantoches, mas aqui é a Flórida e esta é uma nova época para a academia em nosso estado".[25]

Esses relatórios sugerem que é perigoso um docente de uma universidade pública da Flórida fazer críticas explícitas a DeSantis. Ao nomear candidatos para o conselho de dirigentes e reitorias universitárias com base na lealdade e como favor político, DeSantis ao mesmo tempo fortaleceu seu controle sobre a paisagem política mais ampla da Flórida (tendo mais um incentivo a oferecer) e reforçou seu controle sobre o sistema universitário. Em suma, o relatório da Associação Americana de Professores Universitários descreve um sistema universitário em meio a uma ocupação autoritária, à beira do precipício da destruição.[26]

O ataque de DeSantis a universidades públicas e à educação em geral faz parte de um esforço maior da direita em substituir formas pluralistas e democráticas de ensino por formas mais estreitas e ideologicamente motivadas, mais propícias à doutrinação. Esse esforço vem complementado por outro tipo de ataque à educação, que brota não de um impulso fascista para remodelar o sistema para seus próprios fins, mas sim de um impulso libertário para eliminar totalmente o sistema. Os objetivos finais desses dois campos podem ser um tanto diferentes, mas muitas das táticas são iguais, e o inimigo em comum os tornam aliados naturais. Por exemplo, assim como Ron DeSantis, muitos adversários libertários do ensino público procuram minar universidades e escolas vinculando-as a conceitos que, esperam eles, parecerão ao público (principalmente às classes médias e altas brancas que compõem sua base) amedrontadores e vagamente ameaçadores – conceitos como justiça social, teoria crítica da raça ou racismo estrutural.

A destruição das escolas e universidades públicas americanas, que são talvez nosso bem público mais importante, é desde longa data um objetivo da direita libertária, embora esta frequentemente adote uma abordagem gradual e cumulativa, afirmando com desfaçatez que medidas como os programas de vouchers escolares, que direcionam o dinheiro dos contribuintes para escolas particulares, não pretendem destruir o sistema público e sim complementá-lo, oferecendo aos pais e aos alunos a possibilidade de "escolha escolar". Frequentemente os adversários libertários do ensino público podem ser tão reservados sobre seus objetivos finais, e os adversários mais autoritários podem ser tão cegamente hostis às instituições educacionais, que fica difícil diferenciá-los uns dos outros. Alguns parecem até nem saber com clareza a que campo pertencem. Talvez não existam exemplos melhores dessa indistinção do que o ex-presidente Donald Trump e sua secretária da Educação Betsy DeVos.

Durante décadas antes de ser nomeada para dirigir o Departamento de Educação, DeVos e sua família desempenharam um papel central para o enfraquecimento do sistema de ensino público de Michigan, seu estado natal.[27] Dick DeVos, marido de Betsy DeVos, que durante algum tempo foi presidente da Amway (a empresa de vendas diretas e marketing de rede cofundada por seu pai), foi eleito para o Conselho Estadual de Educação de Michigan em 1990. Mais tarde, DeVos se tornou importante defensora de várias iniciativas contra as escolas públicas, como os programas de vouchers escolares e isenções tributárias para o ensino privado, que reduzem drasticamente os fundos para as escolas públicas. Os DeVos também são importantes financiadores do Mackinac Center for Public Policy [Centro Mackinac de Políticas Públicas].[28] O Mackinac Center é um *think tank* com sede em Michigan, fundado em 1987, que tem exercido enorme influência sobre o movimento que visa privatizar os serviços públicos no estado, sendo a educação um dos alvos centrais dessa missão. Mas, como explicou o jornalista Andy Kroll num artigo para *Mother Jones*, as ambições de privatização do *think tank* vão além da educação:

> O Mackinac Center é ardoroso defensor da privatização – seus integrantes apoiam a terceirização de tudo, desde os distritos escolares públicos e a Amtrak [empresa estatal federal de transporte ferroviário de passageiros] até as prisões estaduais – e apoia a legislação antissindical para Michigan. Em 2007, o centro publicou "A Collective Bargaining Primer" [Uma cartilha de negociação coletiva], contrapondo-se à sindicalização obrigatória e às deduções tributárias automáticas para professores de escolas públicas e outros funcionários públicos. A negociação coletiva para os professores, afirma o Mackinac Center, "se tornou um obstáculo significativo à qualidade educacional". Em outras palavras, se você terceiriza ao máximo possível e desestabiliza os sindicatos, a qualidade do ensino – e presumivelmente dos serviços municipais – aumenta.[29]

O Mackinac Center também deu grande apoio à ampliação, em 2012, da lei da administração de emergências de Michigan, que o governador republicano Rick Snyder assinou, permitindo-lhe substituir os prefeitos e os conselhos municipais de cidades em "emergência financeira" por "administradores de emergência", que teriam autoridade para tomar decisões em nome das prefeituras. Com a ampliação da lei em 2012, esses administradores de emergência recebiam poderes únicos e extraordinários, inclusive a capacidade de romper contratos com sindicatos, vender ativos municipais e terceirizar serviços municipais. Em Flint, o primeiro município do estado de Michigan a cair sob os auspícios da lei após a revisão de 2012, os administradores de emergência tomaram uma série de decisões que levaram a uma crise devastadora de fornecimento de água para o município, em que milhares de crianças foram expostas ao chumbo.[30]

Evidencia-se, pelo comportamento político público da família DeVos, que o esfacelamento das escolas públicas faz parte de um programa libertário mais abrangente, que defende a dissolução de vastas faixas do setor público. Erik Prince, irmão de Betsy DeVos, fundou a empresa militar privada Blackwater, que mescla o éthos libertário da família a uma propensão mais imperialista. A Blackwater, que desde então foi renomeada várias vezes, se notabilizou por criar um novo modelo de terceirizar a responsabilidade de travar guerras, repassando-a para empresas privadas – o que acabou levando ao calamitoso Massacre da Praça Nisour, em 2007, em que os agentes de segurança da Blackwater mataram dezessete civis iraquianos em Bagdá.[31] Num episódio de 2024 de seu podcast *Off Leash with Erik Prince* [Desenfreados com Erik Prince], Prince parece defender a invasão de países estrangeiros simplesmente com base no que ele considera serem seus pontos fracos. "Se tantos desses países do mundo são incapazes de governar a si mesmos", disse ele, "é hora de recolocar nossos quepes imperiais, de dizer, vamos governar esses países [...] porque chega, cansamos de ser invadidos [...] A gente pode dizer isso sobre uma grande parte da África, eles são incapazes de governar a si mesmos."[32]

A socióloga australiana Melinda Cooper argumenta de forma persuasiva que o casamento entre o libertarianismo de direita, o neoliberalismo e o conservadorismo social não é apenas de conveniência.[33] Como ela mostra, algumas das principais figuras do movimento libertário, incluindo Milton Friedman e Gary Bauer, desejavam a demolição dos serviços públicos em parte por acharem que assim se restauraria o papel tradicional da família. "Neoliberais como Friedman começam com a autoevidência da responsabilidade individual", escreve ela, "mas, perante os custos sociais de dependentes não assalariados, eles acabam afirmando a necessidade das obrigações familiares."[34] Em outras palavras, se não há um Estado que apoie os cidadãos necessitados, eles serão obrigados a recorrer à rede de apoio de suas famílias e comunidades religiosas. Isso gera o efeito de reforçar valores sociais tradicionais, visto que coloca essas famílias e comunidades numa posição em que podem condicionar seu apoio ao abandono e à rejeição de certas crenças, identidades ou modos de vida que possam considerar indesejáveis. Um sistema sólido de serviços públicos fornece aos cidadãos as necessárias estruturas de apoio para que façam suas próprias escolhas – e aproveitem plenamente as liberdades da democracia. E é exatamente por isso que os libertários e os conservadores sociais consideram as formas democráticas de ensino tão ameaçadoras.

Para implementar o pleno programa ideológico de uma educação fascista, não é obrigatório desmantelar um sistema educacional democrático. Basta simplesmente eliminar os elementos que criam oportunidades para a igualdade social e econômica, preservando pouco mais do que as afirmações de um excepcionalismo nacional e uma parca formação profissional.

Os efeitos da educação do indivíduo duram a vida toda. Na escola secundária pública que frequentei, havia um professor de história com posições de extrema direita que adulterava a Segunda Guerra Mundial em suas aulas. Muitos anos depois, vi por acaso um colega meu, que teve aulas de história com esse professor, difundindo nas redes sociais a excêntrica teoria de que Hitler era em parte judeu, o que, na avaliação desse meu antigo colega, significava que o holocausto nazista era, em parte, uma questão judaica interna. É óbvio que suas visões e sua percepção da história foram moldadas por muitos outros fatores de sua vida, mas o papel daquele nosso professor de história é muito claro. É possível começarmos a entender o potencial destrutivo da antieducação ao imaginarmos todas as pessoas submetidas a diferentes versões daquele professor – uma enorme colcha de retalhos de diversas formas de aprendizado, desde a doutrinação religiosa a uma formação técnica nua e crua, sem qualquer sombra de história. Nenhuma cultura democrática consegue se apoiar numa educação tão depauperada. Sem um entendimento comum da realidade e uma percepção comum da história, é impossível uma igualdade social e econômica.

Existem múltiplas formas de atacar a democracia por meio do sistema educacional. A educação fascista é uma educação para a mobilização. Tal como a propaganda fascista, ela prepara os cidadãos para a violência, em defesa de um líder, de um grupo étnico ou de uma religião. Ela cria um sentimento de injustiça e rancor que é utilizado para justificar a violência em apoio a um líder – para se vingar de uma suposta traição das forças militares ou de uma eleição fraudada. É antidemocrática, hierárquica e autoritária. A antieducação, por sua vez, é uma educação para a desmobilização. O objetivo da antieducação é não só tornar a população ignorante sobre a história e os problemas da nação, mas também de dividir esses cidadãos em um enorme número de grupos diversos, sem qualquer possibilidade de entendimento mútuo e, portanto, sem qualquer possibilidade de agir como uma massa unificada. Em decorrência disso, a antieducação torna a população apática – deixando a tarefa de dirigir o país a outros, sejam eles autocratas, plutocratas ou teocratas.

6

Educação clássica

Sento-me com Shakespeare e ele não se retrai. Atravessando a linha de cor, ando de braços dados com Balzac e Dumas, onde homens sorridentes e mulheres acolhedoras deslizam em salões dourados. Das cavernas da noite que ondulam entre a terra de membros fortes e o rendilhado das estrelas, convoco Aristóteles e Aurélio e a alma que eu bem quiser, e todos eles vêm obsequiosamente, sem desdém nem condescendência.

W.E.B. Du Bois[1]

Construir o cânone é construir o império. Defender o cânone é defender a nação. Debater o cânone, seja qual for a área, a natureza e a amplitude (da crítica, da história, da história do conhecimento, da definição da linguagem, a universalidade dos princípios estéticos, a sociologia da arte, a imaginação humanística), é ter o choque de culturas. E todos os interesses estão aí investidos.

Toni Morrison[2]

[...] todos os seres, desde o primeiro instante do nascimento, são, por assim dizer, marcados pela natureza, uns para comandar, outros para obedecer.

Aristóteles, *Política*[3]

Como vimos em capítulos anteriores, o objetivo da educação fascista é promover uma narrativa em que a nação e seu grupo dominante apareçam como superiores e inocentes.[4] Em tal sistema educacional, os cidadãos se tornam vulneráveis ao medo e ao rancor, emoções que podem ser facilmente exploradas por dirigentes fascistas para manter e aumentar seu poder. Mas os políticos muitas vezes promovem esses sistemas de doutrinação alegando que estão fazendo exatamente o contrário, defendendo que estão empenhados em "libertar as escolas da doutrinação".

Um modelo educacional muitas vezes proposto como corretivo de tais sistemas doutrinários é o da educação clássica, isto é, um sistema educacional que forma deliberadamente seu cânone a partir dos textos paradigmáticos da Grécia e de Roma antigas, mergulhando os estudantes em debates e perspectivas. A educação clássica frequentemente enfatiza, por exemplo, a prática da dialética, ou a investigação pelo diálogo, e ideais como o conhecimento, a justiça, a virtude, a beleza e a verdade. Às vezes, considera-se também que ela inclui as obras principais do Iluminismo europeu que lançaram as bases para o liberalismo e o autogoverno democrático – na filosofia, incluem-se as de John Locke, David Hume, Rousseau, Kant e outros.

As esperanças dos que consideram a educação clássica como um antídoto à educação fascista se fundam em seu potencial de se contrapor a processos de desumanização, oferecendo aos estudantes um senso de valor e significado que é especificamente humano. Mas a própria educação clássica pode facilmente ser utilizada como instrumento para desumanizar, para reforçar a hierarquia, para apoiar a supremacia do grupo dominante representando-o, e apenas a ele, como o legítimo herdeiro da tradição transposta das civilizações clássica da Grécia e de Roma para o Iluminismo europeu e muito mais.

Na verdade, a extrema direita, tanto historicamente quanto na atualidade, empreendeu e empreende seus ataques à educação democrática alegando promover a educação clássica ou o "cânone ocidental". Os nazistas, por exemplo, eram proponentes especialmente entusiásticos. Numa seção de *Mein Kampf* chamada "Valor da educação humanística", Hitler escreve:

> Especialmente no ensino histórico, não devemos nos afastar do estudo da antiguidade. A história romana corretamente concebida, em linhas muito gerais, é e continua a ser o melhor guia não só para hoje, mas provavelmente para todos os tempos. O ideal helênico de cultura também deve continuar a ser preservado para nós em sua beleza exemplar. Não podemos permitir que a maior comunidade racial seja despedaçada pelas diferenças dos povos individuais. A luta que grassa hoje é por objetivos muito grandes. Uma cultura que abarca milênios e abrange o helenismo e o germanismo está lutando por sua existência.[5]

Segundo a ideologia nazista, o Império Germânico era o herdeiro intelectual e espiritual da Grécia e de Roma antigas, o bastião de suas tradições. Como explicou o historiador George Mosse, os ideólogos *Völkisch* que lançaram os alicerces da ideologia nazista de fato afirmavam que o povo germânico era o *mesmo povo* a que pertenciam os responsáveis pelas grandes realizações civilizacionais da Grécia e de Roma antigas – que "desde o começo, antes que ingressassem como grupo na história, os germânicos haviam influenciado a cultura da Grécia e de Roma antigas. Essa asserção teórica transformou os gregos antigos em germânicos e separou os gregos modernos de sua herança clássica. Analogamente, Roma, em seu período de glória, teria sido liderada por dirigentes germânicos".[6] Vê-se nessa ideologia a postulação de uma raça branca mítica, projetada retrospectivamente na história, que é responsável por todas as realizações atribuídas ao "Ocidente".

Como meu pai constatou claramente nas escolas coloniais britânicas no Quênia antes da independência, a educação ocidental clássica pela qual ele tinha tanta admiração podia ser distorcida e utilizada não para promover uma reflexão crítica sobre ideais, mas para afirmar a superioridade de uma raça, de um grupo ou de uma nação.

Hoje, políticos e ativistas de extrema direita promovem por todos os Estados Unidos programas educacionais nacionalistas radicais sob o disfarce de "Educação Clássica", representando os fundadores dos Estados Unidos como os sucessores legítimos dos legados da Grécia e de Roma antigas. Por exemplo, a Hillsdale College, a instituição de ensino cristã ultraconservadora no estado do Michigan, tem-se envolvido profundamente nas tentativas de contestar a educação progressista, propondo a educação clássica como uma alternativa superior. O site da faculdade oferece cursos online sobre *O declínio e queda do Império Romano*, de Gibbon, *A divina comédia*, de Dante, e *Ética a Nicômaco*, de Aristóteles, ao lado de cursos com nomes como "A esquerda americana: do liberalismo ao despotismo", "A grande história americana: a Terra da Esperança" e "A economia pelo lado da oferta e a prosperidade americana com Arthur Laffer".[7] Oferece um curso de história chamado "A cidadania americana e seu declínio", que inclui um vídeo de introdução anunciando que o curso mostrará como a cidadania americana depende de concepções clássicas de cidadania e das "visões de nossos pais fundadores", ambas ameaçadas pelo "movimento woke".[8] A mensagem é clara – a educação clássica seria aquela que vê o progressismo como despotismo, aprova a economia pelo lado da oferta e vê os Estados Unidos como herdeiros e defensores dos ideais ocidentais de liberdade.

Em vista de usos e abusos contraditórios a que é submetida, só nos resta concluir que a educação clássica não tem qualquer relação fixa com a hierarquia – pode tanto reforçar quanto se opor a ela. Sua orientação nesse aspecto depende se os textos clássicos em questão são apresentados como exemplos da genialidade de seus autores e da superioridade de sua cultura, ou como meios de examinar as ideias e questões sempre pertinentes levantadas por esses textos. Os sistemas educacionais fascistas tendem a operar pela primeira maneira, ao passo que os democráticos tendem a operar pela segunda.

* * *

Embora eu concorde com algumas das críticas correntes ao "cânone ocidental" formuladas pelos que defendem a ampliação do enfoque dos currículos escolares de forma a incluir as perspectivas de grupos variados, inclusive de membros de grupos não dominantes, não é o caso de tratar disso aqui. Considero inquestionável o interesse geral de muitos textos clássicos, e algumas práticas e valores postulados nesses textos me parecem instrumentos valiosos para combater certas formas de desumanização. Os textos clássicos, de modo geral, são tão pertinentes hoje quanto eram na época em que foram escritos. Mas não constituem uma base para que algum grupo se julgue superior aos demais. Ver os Estados Unidos como descendentes de uma tradição greco-romana clássica é adotar um mito nacionalista de autoengrandecimento, tal como fizeram os nazistas.

Precisamos de cautela ao transpor qualquer elemento do pensamento clássico para nossa época. Não existe nenhum conjunto uniforme de valores ou ideias que se estenda por esse enorme decurso temporal, muito menos qualquer conjunto uniformemente positivo que mereça ser enaltecido de forma incondicional como uma herança nacional específica. É preciso lembrar, afinal, que as sociedades clássicas praticavam a escravidão, insistiam na subserviência das mulheres e tinham muitas concepções que hoje consideraríamos repreensíveis.

A educação clássica, quando ministrada como prática de venerar de modo acrítico os autores e sociedades que geraram seus grandes textos, pode facilmente se tornar uma justificativa do colonialismo e do paradigma "civilização-selvageria" que lhe serve de base.[9] Nesse modelo, a educação clássica traça uma linha entre as sociedades "civilizadas" da Grécia, de Roma e seus aparentes sucessores de um lado e todas as demais do outro lado. Segundo o paradigma civilização-selvageria, os "incivilizados" não são de todo humanos e podem ser plausivelmente reduzidos à sua capacidade de trabalho. Por causa disso, merecem apenas o que poderíamos chamar de educação industrial, uma forma desumanizadora de educação concentrada exclusivamente na formação técnica, que não atribui valor algum ao conhecimento.

Mas, quando ministrada como uma prática de investigação crítica e um exame de conceitos como a verdade, a beleza e a justiça, a educação clássica nos leva à conclusão diametralmente contrária: qual seja, que o valor humano não se reduz à nossa capacidade de trabalho e que, parafraseando Sócrates, o maior objetivo da humanidade é a aquisição de conhecimento.[10]

Assim, quando os fascistas adotam a educação clássica, estão recorrendo à sua versão aplainada e instrumentalizada, que nada faz para contestar a prática de considerar as pessoas apenas nos termos de sua capacidade produtiva – no caso das mulheres, a capacidade de gerar filhos, e, no caso dos homens, a capacidade de trabalhar.[11] Os nazistas, por exemplo, que enalteciam as virtudes de um ensino baseado na civilização ocidental, foram também responsáveis pelo extermínio em massa de pessoas incapacitadas. Segundo Nikolaus Wachsmann, insigne historiador do nazismo, o principal critério para selecionar as pessoas incapacitadas que deviam ir para as câmaras de gás era "a capacidade dos pacientes de trabalhar: qualquer um considerado improdutivo seria morto".[12]

Além disso, a apropriação fascista da educação clássica distorce não só a forma de ensinar os textos, mas também as próprias ideias. No livro I da *República* de Platão, por exemplo, Trasímaco afirma que a justiça é aquilo que é de interesse dos poderosos, posição que ressoa claramente na ideologia nazista e no fascismo do século XX em termos mais amplos.[13] Mas isso não significa de forma alguma dizer que as concepções genocidas dos nazistas tenham qualquer base legítima na civilização clássica. A afirmação de Trasímaco se refere a indivíduos, ao passo que a posição nazista se refere à raça, conceito que (sobretudo na acepção biológica em que os nazistas o usavam) estava em grande medida ou talvez até totalmente ausente do contexto ateniense no século V a.C. Ainda mais importante, porém, é que grande parte da continuação da *República* é uma contestação da posição adotada por Trasímaco no livro 1. Sócrates argumenta sistematicamente contra a ideia de que *apenas o poder* deve guiar as ações. E, segundo Platão, é *apenas a razão* que deve guiar as ações. Os textos canônicos básicos da educação clássica, quais sejam, as obras de Platão e Aristóteles, insistem que as ações devem ser guiadas não pelo poder, mas sim pela razão e pela virtude.

Em sua melhor forma, a educação clássica pode ser libertadora, uma possibilidade que ficava imediatamente clara a muitas das figuras mais radicais do século XX. Dr. Martin Luther King Jr., por exemplo, quando ministrou um seminário de filosofia social na Morehouse College, elaborou um exame final em que os estudantes deviam comparar as teorias da justiça em Platão e Aristóteles e avaliar as ideias radicais na *República* de Platão, e o exame também trazia perguntas sobre Tomás de Aquino, Hobbes, Locke e Kant. Está mais do que claro que o dr. King considerava importante que os estudantes conhecessem os textos clássicos.

A história clássica, tanto quanto a filosofia clássica, oferece uma fonte de reflexão crítica sobre os conceitos de democracia, império, colonialismo, genocídio e tirania. Tucídides apresenta o ateniense Péricles, em seu discurso fúnebre em homenagem aos tombados no primeiro ano da Guerra do Peloponeso, descrevendo a Atenas democrática da seguinte maneira:

> Seu nome, como tudo depende não de poucos, mas da maioria, é democracia. Nela, enquanto no tocante às leis todos são iguais para a solução de suas divergências privadas, quando se trata de escolher (se é preciso distinguir em qualquer setor), não é o fato de pertencer a uma classe, mas o mérito, que dá acesso aos postos mais honrosos; inversamente, a pobreza não é razão para que alguém, sendo capaz de prestar serviços à cidade, seja impedido de fazê-lo pela obscuridade de sua condição [...] mantemos nossa cidade aberta a todo o mundo e nunca, por atos discriminatórios, impedimos alguém de conhecer e ver qualquer coisa [...]. Na educação, ao contrário de outros que impõem desde a adolescência exercícios penosos para estimular a coragem, nós, com nossa maneira liberal de viver, enfrentamos tão bem quanto eles perigos comparáveis.[14]

Em todas essas observações, Péricles destaca o que há de específico e admirável nos ideais da democracia, em contraposição aos sistemas de governo rivais. Péricles, tal como é apresentado por Tucídides, ressalta, por exemplo, a ligação entre a boa acolhida de estrangeiros na cidade e o sistema e a cultura do governo democrático. Esse é um valor que se destaca vivamente em oposição à implacável xenofobia do fascismo.

Cléon, como Péricles, era cidadão ateniense. À diferença de Péricles, ele considerava as democracias fracas, incapazes de empreender as brutalidades necessárias para manter um império. Num famoso discurso contra a revolta de Mitilene durante a Guerra do Peloponeso, ele exorta os atenienses a executarem não só os líderes da revolta, mas todos os mitilenenses. O colonialismo, insiste Cléon, exige uma crueldade inflexível que é enfraquecida pelo espírito democrático:

> Muitas vezes, no passado, senti que a democracia é incompatível com a direção de um império, mas nunca tanto quanto agora, ao observar a vossa mudança em relação aos mitilenenses. Habituados entre vós na vida cotidiana a não temer nem intrigar, tendes a mesma atitude diante de vossos aliados, esquecidos de que, todas as vezes que sois induzidos a erros por seus representantes ou cedeis por piedade, vossa fraqueza vos expõe a perigos e não conquista a sua gratidão; sois incapazes de ver que vosso império é uma tirania imposta a súditos que, por seu turno, conspiram contra vós e se submetem ao vosso comando contra a vontade, e vos obedecem não por causa de alguma generosidade vossa para com eles em detrimento de vossos interesses, mas por causa de vossa ascendência sobre eles, resultante de vossa força e não de sua boa vontade.[15]

O discurso de Cléon, proferido no século V a.C., expõe as tensões e contradições do colonialismo e da democracia, e se mantém como o exemplo paradigmático de demagogia da história antiga. A justificativa para trucidar todos os homens de Mitilene consiste exclusivamente em sua asserção de que, caso os papéis estivessem invertidos, os mitilenses fariam o mesmo aos atenienses. Tem-se repetido essa justificativa do genocídio ao longo de toda a história, um floreio retórico que Susan Benesch e seus colegas no Dangerous Speech Project [Projeto Discurso Perigoso] chamam de "acusação num espelho".[16] Mas, tal como a defesa de Trasímaco, por se priorizar o poder acima de todas as outras coisas, a perspectiva assassina de Cléon, tal como nos é transmitida pelo historiador Tucídides, não é uma lição de virtude e sim uma grave advertência sobre as possibilidades de os seres humanos agirem cruelmente a serviço da dominação colonial.

Longe de homologarem a política moderna de extrema direita, muitas das ideias encontradas nos textos de educação clássica contestam profundamente seus pressupostos. A extrema direita atual, por exemplo, considera a família algo sacrossanto e ataca enfaticamente os sistemas educacionais liberais por ensinarem ideias subversivas, suplantando o papel dos pais e mesmo preparando (nas mais extremas e descabeladas acusações) os filhos pequenos para a exploração sexual. Mas, se os conservadores de hoje ficam escandalizados com as escolas públicas e o que é ensinado nas universidades, ficariam não pouco desgostosos ao saber quais eram as intervenções educacionais prescritas nas grandes obras de seu amado cânone ocidental. No livro 5 da *República*, por exemplo, Sócrates propunha que as crianças fossem retiradas de suas famílias para que pudessem ser educadas pelo Estado.[17] *O banquete*, de Platão, apresenta as relações sexuais entre professores e jovens alunos como coisa normal e corrente.[18]

Embora a realidade da educação clássica possa ser muito menos compatível com as ideologias políticas de extrema direita do que seus adeptos gostariam de crer e embora a educação clássica tenha muitas virtudes, seus textos estão longe de apoiar plenamente a educação democrática moderna. Platão não era fascista, mas era certamente *contra a democracia*. Muitos textos clássicos aceitam a escravidão humana como coisa normal e admissível. Aristóteles, na *Política*, postula a ideia de "servidão natural", referente a uma pessoa constitutivamente propensa à servilidade – conceito que, desde então, tem sido usado com frequência para justificar a dominação e a escravização.

* * *

O que temos é que os textos clássicos podem apoiar tanto a democracia quanto o fascismo, tanto a liberdade quanto a servidão, tanto a igualdade quanto a hierarquia. E não é fácil desemaranhar essas duas formas de utilização. Seria possível explicar as concepções greco-romanas de liberdade sem as concepções concomitantes de escravidão? As concepções iluministas de liberdade e de direitos humanos seriam inteligíveis sem o sistema de escravidão racializada que predominava na época? Toni Morrison escreve, a propósito da fundação dos Estados Unidos:

> os direitos do homem, um princípio organizador sobre o qual se fundou a nação, estavam inevitavelmente, e especialmente, jungidos ao africanismo. Sua história e sua origem estão permanentemente ligadas a outro conceito sedutor – a hierarquia racial. Como observou Orlando Patterson, não nos deve surpreender que o Iluminismo tivesse espaço para a escravidão; deveria nos surpreender se não tivesse. O conceito de liberdade não surgiu no vazio. Nada deu tanto realce à liberdade quanto a escravidão – se é que não foi esta que de fato a criou.[19]

Vemos, com efeito, as profundas ligações entre as noções de liberdade e não liberdade ao longo de toda a história dos Estados Unidos. Tome-se, por exemplo, a liberdade dos colonos americanos que migraram para o Oeste ou a liberdade dos fazendeiros e senhores escravocratas no Sul. Tais concepções de liberdade dependem, em grande medida, do contraponto da falta de liberdade e subjugação dos negros e dos indígenas.

Podemos fazer perguntas semelhantes sobre os ideais de razão e autonomia. Tanto na tradição clássica quanto na tradição iluminista, entende-se que a plena faculdade da razão pertence somente aos homens, e somente a um grupo favorecido (por exemplo, os gregos ou os europeus brancos). Em seu clássico de 1997, *O contrato racial*, o filósofo Charles W. Mills resume as concepções dos principais pensadores do Iluminismo sobre as populações não brancas:

> Um pastor do começo do século XVII caracterizou os americanos nativos como "tendo pouco de humanidade a não ser a forma, ignorantes de civilidade, de artes ou religião; mais brutos do que os animais que caçam, mais selvagens e incultos [do que] a terra selvagem inculta, que mais percorrem do que habitam; cativos também da tirania de Satã". Em versões laicas posteriores, é uma incapacidade racial para a racionalidade, o pensamento abstrato, o desenvolvimento cultural, a civilização em geral (gerando aqueles espaços cognitivos escuros no mapeamento europeu do mundo). Na filosofia, pode-se rastrear esse fio comum nas especulações de Locke sobre as incapacidades das mentes primitivas, na negação de David Hume de que alguma outra raça que não a branca tenha criado uma civilização digna de nota, nos pensamentos de Kant sobre os diferenciais de racionalidade entre negros e brancos, na conclusão poligenética de Voltaire de que os negros seriam uma espécie distinta e menos capaz, no juízo de John Stuart Mill de que aquelas raças "em sua infantilidade" seriam adequadas apenas ao "despotismo". O pressuposto de inferioridade intelectual dos não brancos era generalizado, mesmo que nem sempre ornamentado com o

aparato pseudocientífico que mais tarde seria possibilitado pelo darwinismo.[20]

Muitos pensadores clássicos e iluministas tinham ideias semelhantes sobre as faculdades racionais das mulheres. Veja-se, por exemplo, Jean-Jacques Rousseau, uma das figuras centrais na filosofia política democrática, cuja obra se refere em larga medida aos perigos da desigualdade. Em seu tratado *Emílio*, de 1762, Rousseau descreve o tipo de educação necessária para preparar o cidadão para a vida democrática narrando a vida de um menino, Emílio, que atinge a idade adulta, e a educação idealizada que o guia para a autonomia. No capítulo final, Rousseau apresenta um modelo educacional para meninas, comparando a educação de Emílio e a de Sofia. A mulher, escreve ele, "foi feita especialmente para agradar o homem [...]. Se a mulher é feita para agradar e para ser subjugada, ela deve se tornar agradável ao homem em vez de provocá-lo; sua força reside em seus encantos". Mais uma vez, considera-se que os ideais iluministas da autonomia e da razão ultrapassam as capacidades das mulheres.

Immanuel Kant merece, mais do que qualquer pensador, ser considerado o filósofo do Iluminismo, e em seus textos podemos ver essas mesmas contradições Como escreve a historiadora da arte Nicole R. Fleetwood, a estética "foi base de fundação para o desenvolvimento do sujeito-cidadão liberal". Mas, prossegue ela, para Kant tratava-se de "uma categoria que excluía povos escravizados e explorados, povos indígenas, povos colonizados, mulheres de todas as raças e os criminalizados [...]. A concepção de discernimento estético de Kant associa a branquitude europeia com a modernidade, a virtude moral, o juízo e a liberdade".[21] Talvez seja possível desemaranhar esses ideais estéticos racializados do conceito kantiano de personalidade moral. Mas a posição de que assim se corrompem os conceitos iluministas merece uma séria consideração. Afinal, Kant e outros filósofos do Iluminismo podem ter mesmo pensado nesses termos.

Como vimos no capítulo 2, que trata do colonialismo, os ideais iluministas podem ser utilizados de forma distorcida a serviço da dominação e da opressão. Todos os ideais podem ser utilizados de forma distorcida. Mas já faz um bom tempo que muitos pensadores também têm questionado se esses ideais não seriam problemáticos em sua própria essência, se não seriam, em algum sentido, fundamentalmente propícios a um uso distorcido.

A ideia de que os conceitos iluministas de liberdade, razão, objetividade, autonomia e beleza são "brancos" parece absurda a muita gente nos dias de hoje. Mas não pareceria absurda à maioria dos filósofos iluministas. E, independentemente do que pensamos sobre esses ideais em si, é bobagem ficar discutindo se a *linguagem* desses ideais está carregada de ressonâncias de raça e gênero. Além disso, é impossível negar que os ideais do Iluminismo estão *historicamente* ligados ou pelo menos *relacionados* com hierarquias de raça e gênero. A percepção de que as mulheres estiveram por muito tempo associadas à emoção e os homens à razão está longe de ser uma constatação inédita do século XXI. Talvez isso tenha algo a ver com os próprios ideais iluministas, ou talvez se refira apenas a um uso sistematicamente distorcido desses ideais. É um tema que vem sendo discutido por filósofos pelo menos desde o advento do próprio Iluminismo.

Fundamental para o cristianismo e então para o Iluminismo foi uma acepção ampla da pessoa moral, que se estendeu ao longo do tempo e das culturas. Como me apontou Daniel Markovits, é possível interpretar que Charles W. Mills, em seu livro *O contrato racial*, esteja afirmando que há algo nesse ideal específico que se presta a uma forma especialmente brutal de desumanização.[22] No pensamento iluminista, a pessoa, o locus da dignidade, não está restrita a uma cultura ou a uma tradição. Mas, nesse sentido muito amplo de pessoa, ser "não pessoa" é então especialmente desumanizador.

A instituição da escravidão é uma característica relativamente ubíqua das sociedades humanas. Mas talvez haja um tipo específico de desumanização oriundo do Iluminismo que resulta em formas especialmente brutais de escravidão e genocídio.[23] Mills, nessa leitura, está sugerindo que podemos entender a brutalidade da versão de escravidão que surgiu durante o Iluminismo como reflexo da noção muito tênue da pessoa iluminista. Nessa forma de escravidão, os escravizados são vistos como não pessoas, mesmo numa noção muito ampla de pessoa. Nesse caso, os ideais iluministas de pessoa têm um papel central a desempenhar na explicação da brutalidade do colonialismo racializado e dos sistemas subjacentes da supremacia branca. Embora eu pessoalmente não a endosse, trata-se de uma crítica do ideal iluminista de pessoa que não pode ser simplesmente descartada.

* * *

Outro ideal do pensamento iluminista que pode ser utilizado de forma distorcida em defesa de sistemas de hierarquia é o conceito de objetividade. Como argumenta a filósofa Louise Antony, o conhecimento humano é intrinsecamente parcial, mas o ideal de objetividade "sugere que o conhecimento pode e deve ser imparcial – que é possível aos seres humanos ultrapassarem os limites de suas posições epistêmicas específicas e alcançarem uma posição epistêmica que constituiria de alguma forma uma 'visão a partir de lugar nenhum'".[24]

É impossível aos seres humanos alcançarem a objetividade no sentido da "visão a partir de lugar nenhum". Existe uma quantidade inimaginável de possibilidades de justificar uma alegação, em vista de nossas limitações temporais, físicas e práticas. Apesar disso, tal ideal de objetividade é de importância central para muitos argumentos dos movimentos fascistas atuais, inclusive sua hostilidade em relação a escolas e universidades, as quais eles consideram permeadas por um viés de extrema esquerda. Segundo eles, o ideal da educação é a *neutralidade*, o que, para eles, significa um viés de *extrema direita*.

Esses ataques são claramente manipulatórios. Aqueles que criticam as escolas e universidades com base nisso não têm o menor interesse na objetividade ou na neutralidade – pelo contrário, procuram substituir o alegado viés pelo *seu* próprio viés. Esse tipo de óbvia hipocrisia, porém, não é o único problema com o ideal de neutralidade, entendida como posição isenta de postulados prévios. Na verdade, não há coerência alguma na noção de exame "isento de perspectiva". Todo exame adota uma posição – no mínimo, o compromisso com formas lógicas de raciocínio e pressupostos básicos sobre a realidade. Em muitos casos, o exame também formula pressupostos morais. Para tomar um exemplo da filósofa Judith Jarvis Thomson, considerar errado torturar bebês por diversão ou lucro, ainda que presumivelmente seja algo fácil de se pressupor, é uma atitude moral. No entanto, em sentido estrito, essa atitude pode ser entendida como um viés: significa tomar sem discussão uma posição sobre alguma questão. Mesmo posições de clara natureza política são adotadas em ampla medida como pressuposto em muitos sistemas educacionais, e corretamente – a posição de que a democracia é boa e o totalitarismo é ruim, por exemplo, é um pressuposto frequente em escolas e sociedades democráticas liberais.

Toda educação pressupõe valores, inclusive substantivos e políticos. A ideia de que a educação não deveria pressupor pontos de vista, nem mesmo éticos, envolve uma falsa concepção de objetividade e uma distinção tendenciosa e, em última análise, incoerente entre fatos e valores. Todo exame precisa formular com pressupostos, e esses pressupostos formam uma rede entrelaçada de fatos e valores. A exigência de um exame neutro é filosoficamente incoerente.[25] Não admira que tais exigências invariavelmente e de forma hipócrita mascarem pautas políticas.

* * *

Como mostra o exemplo da neutralidade, os ideais do mundo clássico e do Iluminismo podem ser facilmente utilizados de forma distorcida, mas esse uso distorcido, às vezes, aponta também para uma falha mais profunda. Em alguns casos, são simplesmente ideais ruins. O ideal da "vista a partir de lugar nenhum" – de que os seres humanos podem ser plenamente neutros ou objetivos – é falso e, ao mesmo tempo, serve de base para ataques cínicos contra a educação. A razão pela qual ele pode ser usado dessa maneira é indissociável de sua falsidade. E isso nos leva à pergunta: outros ideais clássicos e iluministas são também igualmente falhos? Os ideais da autonomia, da razão, da liberdade e da igualdade também são com frequência utilizados de forma deturpada. Isso significa que eles também são ideais ruins?

Muitos dos atuais proponentes direitistas da educação clássica creem que as grandes civilizações sobre as quais se baseia tal educação e suas brilhantes contribuições só passaram a ser ameaçadas em data recente, às mãos de acadêmicos míopes cujo foco dogmático sobre a opressão e os marginalizados leva-os a descartarem essas ideias inestimáveis. Mas os questionamentos dos ideais clássicos e iluministas nada têm de novo. Na verdade, como vimos no capítulo 3, os ideais do Iluminismo são objeto de crítica praticamente desde o momento em que surgiram. O filósofo "anti-iluminista" Johann Gottfried von Herder, por exemplo, rejeitava muitas ideias de seus pares, inclusive a asserção iluminista de um padrão universal de progresso civilizacional, que ele percebeu corretamente que podia servir como justificativa para a brutal subjugação colonial. Para Herder, cada civilização tem um caráter único e incomparável – significando que simplesmente não existe uma objetividade universal, uma razão universal ou um conceito universal de pessoa.

A ideia de que deveríamos reavaliar nossa veneração pelos ideais clássicos e iluministas não é um capricho moderno e sim uma tradição que remonta a séculos atrás. Ela também vai contra o tipo de educação clássica hoje promovida por fascistas e outros integrantes da extrema direita, na qual os textos presentes nos currículos servem acima de tudo como prova da genialidade de seus autores e da superioridade de sua cultura. Na verdade, era exatamente esse o núcleo central do paradigma civilização-selvageria que os europeus usavam como justificativa para seu brutal colonialismo. Os fascistas de hoje sustentam que a educação clássica é vital porque destaca os textos e as realizações de civilizações supostamente distintas e superiores, da Grécia e de Roma chegando aos Estados Unidos.

A questão se os ideais iluministas da razão, da racionalidade e do progresso podem ser dissociados das crenças na supremacia racial e religiosa que os acompanhavam originalmente não é um problema que tenha uma solução evidente. Os ideais iluministas não são sacrossantos e imunes ao debate; mesmo à sua própria luz, podem ser contestados (por meio do exame crítico e da dialética). Os debates sobre o significado e o status dos ideais iluministas não foram criados por acadêmicos ultrazelosos que teriam sido levados por seus interesses pelos oprimidos e marginalizados a uma posição acrimoniosa em relação ao pensamento europeu, mas fazem parte de uma longa tradição filosófica que inclui o próprio Iluminismo. Se essas discussões continuam vivas somente em departamentos acadêmicos que estudam várias formas de opressão, como os estudos de gênero ou os estudos étnicos, isso apenas demonstra que os integrantes do corpo docente desses departamentos são os herdeiros dessa longa tradição intelectual.

Eu, pessoalmente, endosso uma certa versão da tradição liberal e, portanto, uma certa versão de ideais iluministas, como objetividade, razão, igualdade e liberdade. A meu ver, as críticas a esses ideais nos obrigam a enfrentar as múltiplas formas de entendê-los. Como o filósofo Charles W. Mills, aceito os ideais, mas creio que estamos diante de uma questão legítima e importante, qual seja, quais os *entendimentos* desses ideais cabe adotar.[26]

Muitas pessoas hoje supõem que o consenso liberal corrente se baseia numa tradição intelectual e cultural única e contínua, transmitida pela educação clássica. Mas isso é, no mínimo, questionável. É verdade que as questões sobre a natureza da justiça, da racionalidade e do bem vêm sendo discutidas continuamente desde a época dos gregos antigos até os atuais departamentos de filosofia. Mas cada ideia dessas terá tido um significado estável ao longo dos séculos, ou terão elas se transformado gradualmente, dependendo de particularidades e estruturas sociais históricas?[27] O que vemos na história da filosofia e da religião ocidentais talvez não seja uma discussão única da justiça e do bem que nos conduz ao liberalismo contemporâneo, mas sim muitas tradições distintas, cada qual com suas peculiaridades próprias.

Se a educação clássica pode atuar como baluarte contra o fascismo, a melhor chance para isso não é fazê-lo por meio de seu conteúdo e seus ideais, mas por meio das práticas que estruturam seu andamento – inclusive o que às vezes chamamos de pensamento crítico, que em suas origens é inimigo do anti-intelectualismo do fascismo. Mas nem mesmo o pensamento crítico é uma panaceia contra o fascismo – alguns dos maiores pensadores do século XX, entre eles o filósofo Martin Heidegger, eram fascistas. Afinal, é possível apresentar um argumento filosófico dando prioridade à vontade sobre o intelecto.

Como notamos antes, as apropriações fascistas da educação clássica tendem a se concentrar na veneração pelos produtos culturais e intelectuais da Grécia e Roma antigas como prova da grandeza dessas civilizações – bem como das civilizações tidas como suas sucessoras. Na Alemanha nazista, por exemplo, a veneração pela tradição greco-romana por meio da educação clássica se tornou uma afirmação da grandeza germânica, já que os fascistas alemães se viam como os herdeiros daquelas civilizações.

Nos Estados Unidos atuais, a educação clássica é frequentemente apropriada dessa mesma maneira, apresentada como confirmação da superioridade da civilização europeia e da condição dos Estados Unidos como herdeiro único dessa tradição, expressa nos documentos fundadores da nação, no sistema econômico e nos valores sociais conservadores. Faz parte de uma narrativa sobre uma linha contínua de grandeza branca, desde uma visão germanizada da Grécia antiga, passando pela "Aurora da Razão" e pela "Era da Exploração" europeias até os pais fundadores (e suas fazendas escravagistas). Os defensores de extrema direita da educação clássica usam o rótulo como arma, procurando dar legitimidade à sua pauta antidemocrática.

Os sistemas educacionais fascistas usam tradições clássicas para afirmar a grandeza de suas nações, que servem como um ideal arquetípico e universal. Mas, como bem sabia Johann Gottfried von Herder, esse universalismo pode ter consequências violentas e destrutivas. Como meu pai, para seu desalento, viu no Quênia, a educação clássica pode ser usada para justificar os crimes do colonialismo. A educação que ele conheceu lá, nas escolas dirigidas por britânicos, representava a população local como destituída de história e de capacidade de ação. E, mais problemático, essa educação impunha sistemas externos de valor à sociedade africana – como o cristianismo e a propriedade privada da terra – com base nos argumentos claramente incorretos de que seriam ideais iluministas universais, aplicáveis a todos os lugares.

Como vimos, ao se escolher uma "tradição clássica" e adotá-la como foco de todo um programa educacional, a tendência é que ela acabe servindo de base para uma hierarquia civilizacional em que alguns grupos e nações se consideram superiores a outros. Se os Estados Unidos são o herdeiro legítimo da tradição clássica e se a tradição clássica consiste num conjunto de debates que leva inexoravelmente aos ideais da Constituição americana, então os Estados Unidos podem justificar sua dominação dos assuntos internacionais alegando que estão difundindo "valores ocidentais", um bem universal, em lugares onde são necessários. A veneração pela "tradição clássica" alicerça a missão "civilizatória" do colonialismo, sob o estandarte da religião e do comércio, do liberalismo e do capitalismo.

7

Recuperando a história

A organização russa conhecida como Memorial era uma mescla entre uma organização defensora dos direitos humanos, uma equipe de pesquisas históricas e um grupo de advocacia concentrado em fazer com que a educação pública incluísse os crimes cometidos por Stálin. O Memorial também se dedicou a erguer memoriais em homenagem às vítimas de Stálin e a incentivar pesquisas históricas para maior conhecimento do assunto. Yuri Dmitriev, uma das principais figuras do Memorial, era o encarregado de sua seção na região da Carélia, perto da fronteira com a Finlândia. Dmitriev ficou especialmente famoso por sua pesquisa histórica sobre Sandarmokh, uma floresta na Carélia onde Stálin se desfez dos corpos de milhares de cidadãos soviéticos em 1937 e 1938. O nexo representado pelo Memorial demonstra a ligação entre memória histórica e direitos humanos. O Memorial recebeu o Prêmio Nobel da Paz de 2022 por seu trabalho.[1]

O governo russo, porém, considerava o trabalho do Memorial subversivo e atacou de forma concentrada e implacável a organização. Em 2014, o Ministério da Defesa russo classificou a organização como agente estrangeiro. Em 2016, Yuri

Dmitriev foi detido por acusações de pornografia infantil, por causa de fotos de sua filha nua que as autoridades encontraram em seu computador, e que testemunhas especialistas da área demonstraram, mais tarde, que foram tiradas para monitorar um problema médico. Embora tenha sido liberado, Dmitriev foi depois novamente acusado e preso, e sua sentença foi ampliada arbitrariamente várias vezes, até um total de quinze anos de prisão.[2] Depois, em dezembro de 2021, o governo russo fechou o Memorial. Embora o atual governo russo seja claramente diferente da ditadura comunista de Stálin, o regime considera de forma definitiva que qualquer pesquisa histórica dos crimes de seu predecessor constitui uma grave ameaça.

O destino do Memorial é um estudo de caso do que pode acontecer quando governos autoritários se opõem a projetos para recuperar e mostrar a história problemática de um país. Embora os memoriais às vítimas de Stálin não constituam uma expressão direta de hostilidade contra o presidente russo Vladimir Putin e seu atual e autoritário governo, essa iniciativa contradiz o passado mítico sobre o qual se funda o projeto de Putin, em que a União Soviética era uma manifestação do grande Império Russo, que foi injustiçado por um Ocidente decadente. E, talvez o mais importante, ao se chamar a atenção para os crimes de Stálin, abre-se a porta para examinar os malfeitos dos líderes em geral, inclusive Putin.

A Rússia não é a única nesse caso. Governos e movimentos autoritários tipicamente reagem com uma ação rápida e decisiva para esmagar qualquer tentativa de recuperar uma história nada lisonjeira. Ao mesmo tempo, os regimes autoritários participam de seu próprio tipo muito diferente de recuperação histórica, restaurando o renome de figuras caídas em desgraça e representando assassinos, fascistas e escravizadores do passado como heróis nacionais. Mas estas não são tentativas genuínas de restaurar a história, sendo antes tentativas cínicas de reescrever a história em prol do interesse próprio. Representar os fascistas húngaros como heróis nacionais, por exemplo, é apagar suas alianças com os nazistas ou suas ações antissemitas. Representar George Washington como uma figura fundadora mítica e inequivocamente virtuosa é apagar seu papel como escravizador de seus semelhantes humanos. As "recuperações" autoritárias da história são, também, e quase que necessariamente, apagamentos de informações históricas vitais para se entender o passado de uma nação.

Nos Estados Unidos, há uma longa trajetória na tradição americana negra de recuperar a história. Em 1841, James W.C. Pennington, defensor da liberdade e a primeira pessoa negra de que se tem notícia a ter frequentado a Universidade Yale, publicou o livro escolar *The Origin and History of the Colored People* [A origem e história do povo de cor].[3] Trata-se de um ataque sistemático às alegações em defesa da escravidão americana. O primeiro capítulo é uma crítica da base religiosa da escravidão, que sustenta que as pessoas negras seriam descendentes de Cam, o filho de Noé no Livro do Gênesis que foi amaldiçoado pelo pai, relegando seus descendentes (na interpretação dos defensores da escravidão) à escravidão permanente. No segundo e no terceiro capítulos, Pennington argumenta que a África tem uma longa e distinta história de império e civilização, na verdade anterior à da Europa. O capítulo 6 argumenta que a ideia de que os negros são inferiores aos brancos "é não só falsa, mas absurda e, portanto, deve ser abandonada", apresentando em apoio à sua afirmação uma lista de negros com grandes realizações, como o filósofo setecentista Anton Wilhelm Amo, um ganense que fez doutorado na Universidade de Wittenberg, na Alemanha, e se tornou um respeitado professor universitário de filosofia (sua obra é estudada ainda hoje).[4] Como escreve o historiador

Jarvis Givens, de Harvard, a obra de Pennington "inaugurou essa tradição, uma prática formalizada de pessoas negras se empenhando em reescrever a ordem epistemológica, contestando as fundações antinegras do mundo conhecido".[5]

Mesmo assim, apesar de intervenções como as de Pennington, a busca supremacista branca de provar a superioridade cognitiva das pessoas brancas em relação às negras tem sido uma força persistente em toda a história recente – e prossegue até hoje. Uma forma como isso tem se manifestado com especial frequência nos últimos anos é a desqualificação de acadêmicos negros nas universidades de elite, tratados como "cotistas DEI" – o que facilmente pode ser entendido como uma insinuação implícita de que só teriam alcançado essa posição por causa de uma vantagem injusta. O projeto também inclui argumentos científicos duvidosos, que nada têm de convincentes, baseando-se em minimizar de forma implausível ou simplesmente ignorar os *efeitos* do racismo (imediatos ou ao longo do tempo) sobre as populações negras que vivem em países de maioria branca.

Um dos trabalhos mais importantes na batalha para a recuperação da história negra foi escrito pelo sociólogo, historiador e filósofo W.E.B. Du Bois, reagindo às tentativas de historiadores e políticos brancos de distorcer a forma como os americanos entendem o período da Reconstrução – uma campanha ambígua de desinformação travada muito antes dos exemplos que hoje são os mais familiares, como a Alemanha sob Hitler ou a União Soviética sob Stálin. Seu livro de 1935, *Black Reconstruction in America* [A Reconstrução negra nos Estados Unidos], se destinava a corrigir certos apagamentos e representações distorcidas da história que dominavam naquela época e sustentavam uma narrativa sobre a inocência dos brancos e a inferioridade e a disfunção dos negros.

Essa narrativa apontava os americanos negros do Sul como os responsáveis por suas próprias condições adversas, alegando que eles haviam desperdiçado a limitada liberdade e autonomia que lhes tinham sido concedidas durante a Reconstrução. Mas na verdade, claro, eles foram simplesmente as vítimas de um brutal regime supremacista branco, que desferia ondas e mais ondas de terror racial branco contra eles, em grande parte por meio da primeira Klan. Por várias razões, basicamente por interesse financeiro próprio, as autoridades brancas no Norte resolveram fazer vista grossa (embora, claro, dificilmente tenha ocorrido o desaparecimento do racismo no Norte ao fim da Guerra Civil). Seja como for, atribuir a culpa pelo fim da Reconstrução a suas vítimas servia à função ideológica de proteger o mito da inocência nacional branca, mesmo perante a violência da KKK, e foi usado como justificativa central para o fascismo racial do regime Jim Crow.

Du Bois, em seu livro, refuta as alegações de comentadores brancos como W.E. Woodward, biógrafo de Ulysses S. Grant,* que escreveu: "Os pretos americanos são o único povo na história do mundo, até onde sei, que se tornou livre sem qualquer esforço de sua parte".[6] Du Bois mostra que os americanos escravizados libertaram a si mesmos, escrevendo:

> Não foi o abolicionista sozinho que libertou os escravos. Os abolicionistas nunca tiveram o respaldo de uma verdadeira maioria do povo dos Estados Unidos. A liberdade para o escravo foi o resultado lógico de uma tentativa maluca de travar guerra em meio a 4 milhões de escravos negros, ao mesmo tempo tentando ignorar sublimemente os interesses daqueles

* Militar e político americano que, como comandante, teve papel fundamental na vitória da União sobre os Estados Confederados (do Sul escravagista) na Guerra Civil Americana (1861-1865), depois tornando-se presidente do país, de 1869 a 1877. (N.E.)

> escravos no desfecho da luta. Sim, esses escravos tinham um enorme poder nas mãos. Simplesmente parando de trabalhar, podiam ameaçar a Confederação com a fome. Entrando nos acampamentos federais, mostraram a nortistas em dúvida a fácil possibilidade de usá-los como criados, como agricultores e como espiões e, finalmente, como soldados combatentes [...] foi o escravo fugitivo que levou os proprietários escravistas a encararem a alternativa de se render ao Norte ou aos pretos.[7]

Du Bois reconhece que muito se realizou no movimento pela justiça racial graças às alianças inter-raciais entre abolicionistas brancos e pessoas negras que lutavam pela própria autonomia. Mas mesmo aqueles abolicionistas brancos nem sempre fizeram o mesmo e, na verdade, frequentemente minimizaram o papel dos ex-escravizados nessa luta. Du Bois também mostra que os americanos negros foram fundamentais na vitória da Guerra Civil – e que desempenharam um papel essencial na fundação de escolas públicas no Sul. Ao longo de seu estudo, ele desmonta sistematicamente o mito de que os líderes políticos negros durante a Reconstrução seriam corruptos, mito este que por muito tempo ocupou um papel central da história oficial desse período.

Mitos perniciosos, porém, se entranham na história. Os efeitos persistentes do mito racista de que os políticos negros durante a Reconstrução seriam incompetentes e corruptos continuam a moldar a forma como as pessoas pensam os acontecimentos nos Estados Unidos. Mesmo em nossa política contemporânea é possível ver os efeitos dos mitos que se prolongam. O ex-presidente Donald Trump, por exemplo, pôs a culpa de sua derrota nas eleições de 2020 na corrupção de cidades como Atlanta e Milwaukee, que têm grandes populações negras ou dirigentes negros. Em 2024, depois que um grande navio porta-contêineres colidiu na Ponte Francis Scott

Key em Baltimore, alguns comentaristas de direita puseram a culpa no prefeito de Baltimore, Brandon Scott, a quem desqualificaram como "prefeito DEI", ecoando claramente os mitos racistas que levaram ao fim da Reconstrução e ao surgimento das leis Jim Crow.[8]

A luta para ensinar a perspectiva dos americanos negros contra um sistema que insiste na grandeza e na inocência branca percorre toda a história dos Estados Unidos. Vimos que livros didáticos no Sul da época Jim Crow representavam a escravidão como um sistema paternalista benevolente e os americanos negros escravizados como em larga medida contentes com as práticas do sistema. Por muitas décadas, políticos brancos e outras autoridades combateram os esforços de incluir as perspectivas dos negros americanos nos currículos escolares, movidos pelo incômodo de genitores brancos que argumentaram que tal história constrange e envergonha seus filhos pelas ações condenáveis das gerações passadas. E os esforços de integrar racialmente as escolas públicas, que ganharam destaque nacional com a decisão do Supremo Tribunal no caso *Brown versus Board of Education*, em 1954, desencadearam uma feroz resistência tanto no Sul quanto no Norte.*

Em *Black Reconstruction in America*, ao tratar do sistema educacional americano e do desconforto que americanos brancos sentiam com a verdadeira história da escravidão e da Reconstrução, Du Bois pergunta retoricamente: "Essas razões de cortesia e filantropia são suficientes para negar a verdade?".[9] A estória da luta para preservar a inocência das crianças brancas americanas e justificar as hierarquias raciais americanas é a história americana. Esses esforços, que antes se imaginava serem relíquias do passado, agora voltaram à vida

* Processo a partir do qual a Suprema Corte decidiu que a segregação racial em escolas era inconstitucional. (N.E.)

mais uma vez, alimentando os movimentos políticos fascistas em ascensão que inspiraram este livro.

Algumas editoras de livros didáticos, por exemplo, começaram a adotar narrativas falsas e enganosas impingidas por comentaristas e ativistas de direita. Uma série amplamente distribuída de livros de história para o ensino médio, publicados em 2015 para estudantes do Texas, se referia a americanos negros escravizados como "trabalhadores".[10] Em 2023, o estado da Flórida emitiu novas orientações sobre a história afro-americana, para que os professores ensinassem que os americanos negros escravizados "desenvolveram qualificações que, em alguns casos, podiam ser utilizadas em seu benefício pessoal".[11]

Carter Godwin Woodson hoje é muito famoso por ter criado o Mês da História Negra. Em 1933, Woodson publicou uma obra, agora clássica, sobre as falhas da educação americana em atender os americanos negros, chamada *The Mis-education of the Negro* [A educação falha do preto]. Nela, Woodson critica vivamente a educação clássica, comentando que o povo negro nesse sistema "recebia pouca atenção, pois os melhores amigos da raça, eles mesmos mal ensinados, seguiam os currículos tradicionais da época, que não levavam o preto em consideração, a não ser para condená-lo ou se apiedar dele".[12] No ensino de literatura, por exemplo, Woodson observou que, no currículo tradicional, não se esperava que as pessoas negras "houvessem expressado qualquer pensamento digno de atenção".[13]

A manifestação corrente mais visível da tradição americana negra de recuperar a história é o Projeto 1619, de Nikole Hannah-Jones. Embora o objetivo do projeto seja colocar a instituição da escravidão e seu legado no centro da história americana, ele não contradiz a grandeza do país. Pelo contrário, comemora as contribuições dos americanos negros para ela.

Apesar disso, o projeto despertou uma dura reação negativa de políticos e comentaristas de direita, que o criticaram – em muitos casos, sem ler ou dedicar sequer um minuto para examinar o conteúdo de suas colocações – por supostamente promover uma visão pessimista dos Estados Unidos, que incentiva os brancos a sentirem vergonha de sua história. Em seu discurso em setembro de 2020, na Conferência sobre a História Americana na Casa Branca, Donald Trump acusou o projeto, junto com a teoria crítica da raça, de ser "propaganda tóxica". O Projeto 1619 tem sido alvo específico de alguns estados, como a Flórida, que proibiu seu ensino em escolas públicas.

É evidente que os Estados Unidos não são de forma alguma o único lugar onde grupos marginalizados reagem contra as tentativas de apagar sua história e sua cultura. Como vimos no capítulo 2, os colonos britânicos no Quênia tentaram desmantelar as estruturas tradicionais de governo da sociedade quicuia. Como os britânicos imaginaram erroneamente que todas as tribos africanas tinham chefes, eles nomearam alguns quicuios para esse papel, alterando fundamentalmente uma sociedade que, na realidade, era governada por conselhos de anciãos. Ao fim e ao cabo, essas e outras intervenções britânicas tiveram um efeito devastador sobre o povo quicuio. Mas, mesmo assim, os quicuios se engajaram numa resistência organizada contra as tentativas britânicas de exterminar sua identidade. No começo dos anos 1920, foi criada a Associação Central Quicuia, tendo à frente Jomo Kenyatta, para defender as práticas e os interesses fundiários dos quicuios contra os colonizadores britânicos.

Depois, Kenyatta foi estudar com o antropólogo polonês-britânico Bronislaw Malinowski na London School of Economics, de 1935 a 1938, escrevendo uma tese chamada *Facing Mount Kenya* [Diante do monte Quênia]. Nesse trabalho, ele apresenta detalhadamente as tradições e práticas dos quicuios, mostrando que elas são fundamentais para a religião quicuia – e, com isso, deixando claro que o empenho britânico em eliminar a religião quicuia equivalia a eliminar a identidade quicuia. *Facing Mount Kenya* foi escrito para esclarecer múltiplos públicos, dentro e fora do Quênia, e veio a se tornar uma obra de ressonância internacional que contribuiu para a luta nacionalista africana contra o colonialismo europeu. Era também um registro pormenorizado das tradições e práticas da religião e do modo de vida quicuio, destinado às futuras gerações de quenianos.[15]

* * *

Os governos autoritários têm plena ciência das possibilidades democráticas de recuperar a história. Uma marca característica de tais governos e dos movimentos políticos em seu apoio é perseguir e intimidar tais projetos.

O Invisible Histories é um projeto do Alabama que, segundo seu site, é "[c]oncebido para ser um repositório para a preservação da vida LGBTQ, inicialmente no estado do Alabama e a seguir por todo o sudeste". Tal como o Institut für Sexualwissenschaft em Berlim, ele foi montado como um arquivo que documenta as vidas e as perspectivas LGBTQ. E tal como o instituto de Hirschfeld na Alemanha, ele se tornou alvo de legisladores fascistas. Quando o Departamento de Arquivos e História do Alabama convidou um dos fundadores do projeto para participar de uma apresentação, políticos no Senado Estadual do Alabama entraram com a proposta de cortar metade do orçamento do departamento. Fracassada essa iniciativa, eles propuseram a substituição de todo o conselho diretor por nomeados políticos sob o controle do poder executivo e do poder legislativo do estado, os quais são dominados por republicanos. Ao apresentar essa situação num artigo de opinião, o colunista Kyle Whitmire da *AL.com* escreve:

> A história no Alabama está novamente sob ataque. Alguns legisladores do estado estão numa missão de apagá-la, de cancelar os que a ela fazem referência e punir os que a protegem. Estão correndo sérios riscos nada menos do que uma reverenciada instituição estadual – o Departamento de Arquivos e História do Alabama – e as estórias cuja preservação constitui a razão de sua existência.
> Mas dessa vez não são estórias da Reconstrução ou dos protestos pelos direitos civis que estão em risco de se perder. Pelo menos, não agora. É algo mais recente.
> É a história LGBTQ que está na mira dos legisladores.[16]

Outro caso em que as tentativas de recuperar a história despertaram uma dura e desproporcional reação consiste na história do Museu da Segunda Guerra Mundial na Polônia, que foi concebido em 2008 por um consórcio internacional de estudiosos na cidade polonesa de Gdansk e inaugurado em 2017. Seu objetivo era ensinar a Segunda Guerra Mundial, colocando a experiência da Polônia sob uma perspectiva global. Em vez de dar destaque à posição de vítima da Polônia em detrimento de todas as outras vítimas da Segunda Guerra Mundial, o museu deu tratamento individual a cada população vitimada – incluindo a população polonesa judaica assassinada no Holocausto e os prisioneiros de guerra soviéticos massacrados indiscriminadamente pelos nazistas. Com isso, o museu retificou as persistentes omissões da Polônia no entendimento de sua própria história, contrapondo-se às alegações de que os poloneses tinham sido os únicos a sofrer.

O Partido Lei e Justiça, da direita polonesa, porém, considerou que a correção feita pelo museu quanto a essas omissões constituía uma ameaça e processou judicialmente a organização, além de atacá-la nos meios de comunicação. Antes da inauguração do museu, em 2017, o Partido Lei e Justiça substituiu o diretor da instituição, Pawel Machcewicz, e a obrigou a mudar sua narrativa, adotando uma versão mais tradicional que enfatiza o caráter único do sofrimento polonês durante a guerra. Não é por mero acaso que um partido antidemocrático tomou esse museu como alvo. O que se visa ao apagar a democracia liberal é uma espécie de apagamento da história.

* * *

Como vimos, é característico que os governos autoritários procurem controlar o passado. A Rússia proíbe a história ucraniana a fim de ganhar o apoio da população russa para suas ambições coloniais. Nos Estados Unidos, como vimos, organizações como a Heritage Foundation, que apoiam ataques à teoria crítica da raça, também pressionam por leis eleitorais mais restritivas. Movimentos autoritários promovem programas educacionais restritivos e vetam perspectivas que questionam uma narrativa excepcionalista.

Quando estudos acadêmicos questionam narrativas dominantes sobre o passado, verdades indesejadas são reveladas – não só sobre a história, mas também sobre tentativas subsequentes de ocultar aquela história. Por isso, tal tipo de estudo crítico constitui uma profunda ameaça aos movimentos autoritários. Como os teóricos democráticos comemoram desde longa data, a democracia incentiva uma busca em aberto pela verdade e procura incluir novas perspectivas, narrativas e dados que, por mais doloroso que seja, contestam velhas suposições.

Se quisermos interromper o avanço dos Estados Unidos rumo ao fascismo, precisamos reconhecer a natureza dos desafios que se colocam a nossas instituições educacionais. Com efeito, as escolas e as universidades estão nas linhas de frente dos esforços empreendidos há várias décadas pela extrema direita para reforçar os mitos antidemocráticos – e, em última instância, para transformar uma democracia liberal imperfeita, mas promissora, num Estado-nação autoritário e potencialmente fascista.

Meu pai, Manfred Stanley, que, como sua mãe, era um refugiado da Alemanha nazista, se tornou professor na Escola Maxwell de Cidadania e Assuntos Públicos da Universidade de Syracuse. Meu pai e minha madrasta, Mary Stanley, também da Escola Maxwell, pesquisaram, estudaram, ensinaram, escreveram e encabeçaram iniciativas educacionais que examinavam as demandas que uma educação rigorosamente democrática coloca aos educadores, aos membros de comunidades políticas democráticas e às autoridades eleitas em todos os níveis.

Num dos artigos que escreveu em sua carreira como sociólogo, meu pai examinou de que forma seria possível haver uma realidade comum e compartilhada numa sociedade cada vez mais pluralista e complexa,[17] apontando para um tipo de educação que pudesse ser uma alternativa aos tipos descritos aqui neste livro. A amizade cívica, como observou ele, é um requisito para uma comunidade política moderna que leva os valores democráticos a sério: "A amizade cívica, vale lembrar, é aquele conceito que se refere à igualdade intrínseca de consideração que todos devem ter mutuamente como cidadãos, a despeito de posições diferentes na divisão social do trabalho".[18] A compaixão cívica, explica ele, é também um aspecto essencial da vida cívica democrática:

Conforme a história do totalitarismo ocidental nos ensinou, o teste supremo da compaixão é a defesa cívica: a atitude dos cidadãos uns em relação aos outros, como vizinhos civis, de todas as partes, que não abandonarão as pessoas a sofrimentos evitáveis ou a assassinos. Testes muito menos rigorosos falharam. Mas, antes que se chegue a esse teste final, como podemos expressar o que se entende sociologicamente por compaixão cívica?
Quando uma sociedade chega a uma condição que é tão complexa e fragmentada por classes sociais e pela especialização profissional que uma grande distância sócio-física entre os grupos populacionais se torna um estado de coisas normal, a compaixão insuficiente surge então como um problema moral, coletivo, específico. Em sociedades não democráticas, esse problema é mitigado por ideologias hierárquicas de status coletivo. Em sociedades democráticas, o problema persiste, mas é geralmente definido em termos da linguagem da "unidade" ou "solidariedade". Sugerir que o termo "compaixão" é melhor não é um mero jogo de palavras. Os outros dois termos são abstratos e contaminados demais pelo uso propagandístico. A compaixão é mais concreta e uma expectativa mais razoável em relação às pessoas. O estranhamento mútuo e fantasias estereotípicas se encontram entre os extremos de nossa estrutura de classes, entre grupos étnicos e raciais distintos e entre quantidades consideráveis de homens e mulheres. Isso apresenta um grande desafio à educação cívica, mas não consiste em induzir alguma atitude irrealista e sentimental de "unidade". Levar as pessoas a entenderem as condições objetivas históricas e existentes de grupos com os quais elas não têm nenhuma experiência pessoal de vida é o desafio mais difícil. A compaixão pressupõe a capacidade de "se pôr no lugar do outro" de alguma forma especialmente sutil e bem-informada.[19]

A noção de compaixão cívica adotada por meu pai se baseava na rejeição da linguagem da unidade, "contaminada demais pelo uso propagandístico". Sua solução era, quando menos, o contrário disso – envolver-se respeitosamente, colocar-se imaginativamente no lugar dos outros, viver em mundos que de início parecem estranhos e até ameaçadores, reconhecer a sua própria incapacidade de ser judicioso, generoso ou aberto como exige uma democracia pluralista.

Resistir a ceder à crueldade é talvez o objetivo educacional mais importante de um povo. Quais seriam as formas de educação apropriadas para tal empreendimento? Em alguns aspectos, já começamos a criá-las: a teoria crítica da raça, os estudos feministas e de gênero, a teoria *queer*, a história do trabalho, os estudos da deficiência e outras áreas de estudos que mostram como os movimentos sociais podem conseguir derrubar os obstáculos à igualdade e à liberação. Essas abordagens se propõem a criar uma propensão duradoura à compaixão cívica e à capacidade de agir a esse respeito. Ironicamente, pode ser que os tímidos sucessos desse empreendimento tenham ajudado a desencadear a reação autoritária que descrevo ao longo deste livro. Não seria a primeira vez que um movimento educacional progressista exitoso provoca um violento movimento reacionário.

Então, o que fazer agora? Podemos desistir do projeto de educação democrática e nos resignar a um sistema educacional incapaz de questionar a linguagem e as práticas do fascismo. Ou podemos prosseguir na luta, reconhecendo que o projeto de educação democrática é ao mesmo tempo difícil e essencial. Com novos estudos que contestam os mitos da uniformidade, tornam-se inevitáveis novas abordagens da educação.

A maioria dos americanos já conhece bem a esperança contida em nosso lema nacional, *E pluribus unum*, "um a partir de muitos". Mas esse projeto de assimilação tem servido com excessiva frequência como meio de ocultar perspectivas que não se adéquam a nossas expectativas. A função de caldeirão cultural dos Estados Unidos pede com excessiva frequência aos membros de nossa comunidade política com notáveis diferenças entre si que se conformem a um ideal homogêneo. Isso foi possível durante algum tempo, mas não é compatível com uma democracia multirracial, que inclui muitas religiões e muitos modos de vida diferentes.

Meus avós maternos são da Polônia Oriental e, em 1940, foram deportados para um gulag junto com minha tia e cerca de outros 130 mil judeus poloneses, por ordens de Stálin. Minha mãe nasceu durante a viagem. A família passou os cinco anos seguintes no gulag siberiano. Meu avô ficou internado num campo masculino de trabalho; minha avó, minha mãe e minha tia foram enviadas para outro campo distante. Entre os 130 mil deportados, 80 mil estavam vivos em 1945 – o maior grupo de judeus poloneses que sobreviveu ao Holocausto. Antes da guerra, cerca de 10% da população total da Polônia eram judeus: 3,3 milhões numa população total de um pouco mais de 30 milhões. Quando foram derrotados, os nazistas haviam eliminado 90% da população judaica polonesa.[20] Em 1950, restavam na Polônia apenas 45 mil judeus poloneses. Hoje, não chegam a 5 mil.[21]

Minha mãe foi repatriada com minha tia e minha avó para a Polônia em 1945, enviada para o oeste pela ferrovia transiberiana. Por completo acaso, no longo trajeto reencontraram meu avô, que minha mãe nunca havia conhecido. Formando uma pequena família, eles chegaram a Varsóvia ansiosos para retomar contato com os parentes. Logo descobriram que eram os únicos restantes. À dor se somou a maldosa acolhida que os poloneses não judeus deram aos judeus retornados. Meu avô era visivelmente judeu ortodoxo; quando minha mãe o acompanhava nas ruas, poloneses se curvavam e cuspiam no rosto dela. Em 1948, meu avô foi espancado quase até a morte nas ruas de Varsóvia, salvo no último instante (segundo relatos da família) por um policial judeu. O episódio foi objeto de um artigo num jornal em iídiche publicado nos Estados Unidos, e logo depois meus familiares receberam vistos de entrada, chegando à cidade de Nova York naquele verão.

A Polônia tem uma longa e rica história judaica, bem como uma longa história de antissemitismo. Hoje, a Polônia se identifica e é amplamente identificada como um país uniformemente católico. Esses dois legados foram em grande medida apagados – a memória da grande população polonesa judaica e a memória do ódio dirigido contra eles não por nazistas, mas por seus conterrâneos poloneses.

A Borderland Foundation se dedica a ensinar à juventude polonesa a rica herança multicultural da Polônia, inclusive sua herança judaica. Sua sede fica na cidade de Sejny na Polônia Oriental, a 133 quilômetros de Jedwabne, uma cidade maior que ganhou triste fama após a publicação do livro de Jan Tomasz Gross, *Neighbors: The Destruction of the Jewish Community in Jedwabne, Poland* [Vizinhos: a destruição da comunidade judaica em Jedwabne, Polônia], sobre o local de um massacre de judeus pelas mãos de seus vizinhos poloneses em julho de 1941. Há nesse canto nordeste da Polônia uma sombria história de violência antissemita – bem como de violência entre poloneses e lituanos e outros grupos. Em 1991, foi criado o centro Borderland de Artes, Cultura e Nações, que veio a incluir uma biblioteca, num edifício em Sejny que, antes da Segunda Guerra Mundial, era uma das mais renomadas *yeshivás*, grandes locais de estudos judaicos situados junto a uma sinagoga.[22] Como parte de sua missão, a Borderland mantém os locais tanto da sinagoga quanto da escola talmúdica como centros de arte, música, teatro e aprendizagem. No verão, a Orquestra Klezmer do Teatro Sejny se apresenta ao público que lota a sinagoga. O programa musical da Borderland, dirigido pelo acordeonista e etnomusicologista Wojciech Szroeder, ensina crianças polonesas a tocarem música judaica – música também permeada de influências eslavas, romenas e bálticas. Algumas crianças polonesas, ao crescer, se tornaram músicos klezmer, mantendo viva uma tradição musical que muitos acreditavam definitivamente perdida. A Borderland existe para "pôr em prática" a memória da rica herança multilíngue e multirreligiosa da Polônia. Seu trabalho é um instrumento a ser usado contra os mitos demagógicos de um passado católico e puro da Polônia.

Um esforço semelhante de "pôr em prática a memória" se encontra no livro de Howard Zinn, *A People's History of the United States* [Uma história dos Estados Unidos sob a ótica do povo], de 1980, que foi um marco no ensino da história americana.[23] Em vez de contar a história do país como uma série de realizações de grandes homens – os exploradores europeus que supostamente descobriram a América, os primeiros revolucionários americanos e os pais fundadores –, Zinn abriu caminho até um grande público ao escrever na tradição das "histórias vista de baixo", contando a história da perspectiva dos oprimidos e subjugados por hierarquias e se concentrando em movimentos sociais e ações de resistência. O livro dá destaque à capacidade de ação dos povos escravizados, dos grupos indígenas, dos trabalhadores pobres e das mulheres nos Estados Unidos, perante violentos obstáculos.

Desde então, o livro de Zinn atraiu a fúria da direita americana, e em anos recentes tornou-se alvo explícito de Donald Trump e do movimento político por ele representado. Em seu discurso de 2020 na Conferência sobre a História Americana na Casa Branca, Trump atacou Zinn dizendo: "Nossos filhos são ensinados com folhetos de propaganda, como os de Howard Zinn, que tentam fazer com que os alunos se envergonhem de sua própria história".[24]

O Zinn Education Project é uma organização que "promove e apoia o ensino da história das pessoas em salas de aula de todo o país".[25] Oferece recursos como grupos de estudo com um professor, aulas online e uma publicação trimestral, *Rethinking History*, que fornece fontes de informação sobre histórias que enfrentam o apagamento, inclusive temas como a era da Reconstrução, a história indígena, as raízes do movimento Black Lives Matter e a luta dos palestinos por libertação. De modo mais geral, o projeto oferece amplos recursos sobre a história dos movimentos sociais americanos. Está profundamente envolvido na luta em defesa da educação progressista nos Estados Unidos contra os ataques da extrema direita, por exemplo mantendo os professores atualizados sobre as campanhas contra a teoria crítica da raça nos conselhos diretores das escolas.

Uma organização como o Zinn Education Project está na linha de frente da guerra para defender a educação progressista, procurando preservar a história da resistência às hierarquias de classe, de raça e de gênero contra aqueles que pretendem apagá-la. Também procura chamar a atenção para esses ataques e o movimento antidemocrático mais amplo de que fazem parte. Mesmo nestes tempos sombrios para a democracia, há amplo espaço para a esperança.

* * *

O Sonho Americano sustenta que esse país é único em sua capacidade de recompensar o trabalho árduo com a prosperidade – nos Estados Unidos, qualquer pessoa muito trabalhadora pode, supostamente, ter uma boa vida de classe média. O Sonho Americano é muitas vezes apresentado como resultado de um sistema de puro capitalismo de livre mercado. Mas a história dos movimentos trabalhistas neste país mostra que isso é um mito. A organização trabalhista, frequentemente enfrentando represálias violentas dos grandes interesses empresariais, assegurou para os trabalhadores muitos dos ganhos substanciais que criaram o Sonho Americano. Foram os sindicatos que obtiveram para os trabalhadores americanos a jornada de oito horas diárias, o fim de semana e o salário mínimo. Os sindicatos entregaram aos trabalhadores da indústria automobilística de Michigan um pacote completo que lhes permitia ter tempo livre para passar com a família e dinheiro para aproveitá-lo. Apesar dos vários reveses que têm enfrentado em décadas recentes, os sindicatos americanos podem voltar a fazê-lo. O ideal socialista de esquerda dos trabalhadores sindicalizados não é inimigo do espírito americano: pelo contrário, faz parte essencial dele.

A história trabalhista é apenas uma das múltiplas perspectivas que contestam os mitos fascistas americanos. Nos estudos negros, nos estudos latino-americanos e nos estudos indígenas, estudantes e professores estão diante de uma estória dos Estados Unidos que é incoerente com os mitos nacionais de inocência e pureza. Os estudantes aprendem nos cursos de estudos das mulheres que a história não é apenas a história dos homens, e nos cursos *queer* aprendem que ela não é apenas a história das pessoas hétero e cis.

Expor os cidadãos de uma nação à história complexa de seu passado não é apenas uma forma de proteção contra fascistas e demagogos. É, também, como diria meu pai, um pré-requisito indispensável para a compaixão cívica. A democracia requer uma realidade compartilhada em comum, incluindo um entendimento em comum do passado. A compaixão cívica amplia esse entendimento. Retomando a citação de meu pai mais acima, "levar as pessoas a entenderem as condições objetivas históricas e existentes de grupos com os quais elas não têm nenhuma experiência pessoal de vida é o desafio mais difícil". Sem esse entendimento, cede-se o poder à hierarquia ou, potencialmente, a um autocrata.

A democracia é um ideal. É um ideal segundo o qual todos os cidadãos têm uma igualdade política radicada no reconhecimento da plena humanidade de todas as pessoas. E é impossível realizar o ideal de igualdade política sem entender a quem e por que ela foi e é negada.

Epílogo

Ninguém imagina que a eleição de 2024 na Rússia tenha sido livre. Mentiram ao povo russo. A aceitação dessas mentiras não é *circunstancial* para sua falta de liberdade. A aceitação dessas mentiras *constitui* sua falta de liberdade. A ignorância também impede a ação livre e informada. Sem conhecimento, não temos como agir. As batalhas pela educação são batalhas pela liberdade.

Viver numa democracia significa considerar a possibilidade de substituir as tradições por outras novas. A educação numa democracia é um exercício de iniciativa, de autogestão. E uma parte de uma ética da autogestão é a recusa em se deixar governar pelos mortos. Não existe resposta fácil sobre a forma de elaborar uma educação para a democracia, de dar às pessoas a liberdade de abraçar a tradição sem acorrentá-las a ela. Quando há um inflamento e um exagero das tradições e seu exame crítico ameaça expor mitos que justificam o poder, os autoritários têm aí uma desculpa para esmagar a democracia por meio de suas instituições – as escolas.

Platão considerava impossível a democracia. Platão sabia que seu sistema autoritário precisava se basear em mentiras. Além de mentir, os ocupantes do poder podem proibir conceitos necessários, como o de racismo estrutural, e o conhecimento de instituições, como o gulag, para entender o mundo onde vivemos. Podem proibir conceitos como direitos humanos ou igualdade da espécie humana. Podem proibir o exame da mudança climática causada pelos seres humanos. Aqueles que não dispõem desses conceitos essenciais ou do conhecimento de fatos essenciais reagirão de outra maneira aos acontecimentos. Não estando cientes do amplo leque de explicações e opções, podem ser facilmente manipulados.

Quando vemos o avanço rumo à democracia multirracial recuando diante de nossos olhos, é fácil desanimar. Uma moral deste livro é: já passamos por isso antes. Quando entendemos os mecanismos com os quais se ataca a democracia, as formas como se usam mitos e mentiras para justificar ações como a guerra e o uso de grupos como bodes expiatórios, podemos erguer uma defesa contra tais ataques e até reverter a maré. Essa luta faz parte da ação da própria democracia. Se não estivéssemos travando essa luta, não estaríamos vivendo numa democracia.

O autoritarismo prospera a partir da desigualdade e dos mitos que servem para sustentá-la. A monarquia sobreviveu pelo mito da escolha divina. Os ditadores sobrevivem pelo mito de que um único líder define e encarna a nação. O fascismo sobrevive pelos mitos que criam um grupo externo, relegado, na melhor das hipóteses, a uma cidadania de segunda classe. As escolas e universidades permitem o exame crítico desses mitos e, assim, os ataques contra elas são sempre o primeiro sinal do autoritarismo. Existe uma razão pela qual não há faculdades de artes liberais ao estilo americano nos países autoritários.

É fácil não se interessar muito por faculdades e universidades, principalmente se seus custos dispararam com a redução dos investimentos do governo (quase como se fosse algo planejado). Mas eliminar o conhecimento e o exame crítico restringe nosso leque de ações. Se não temos conhecimento do hiato econômico racial ou da mudança climática causada pelos seres humanos, não podemos agir para corrigi-los.

O autoritarismo sempre precisa, em algum momento, enfrentar a realidade. Os movimentos de protesto social constituem tradicionalmente um mecanismo pelo qual as pessoas tentam fazer com que os ocupantes do poder enxerguem a realidade. A participação nesses movimentos é um exercício de democracia. Sua repressão é um exercício de autoritarismo. Enquanto houver realidade, esse ciclo prosseguirá. As novas tecnologias, como a inteligência artificial (IA), lhe darão novas formas. As representações distorcidas e as mentiras difundidas por deepfakes geradas por IA já estão afetando as eleições de maneiras imprevisíveis, garantindo que se instaure um clima de confusão e ignorância durante a votação.[1] A proteção da democracia requer medidas que garantam que as pessoas continuem a ter a capacidade de distinguir entre verdadeiro e falso.

Em países sem uma imprensa confiável, como Mianmar, a confluência das informações distorcidas das redes sociais sobre os acontecimentos locais chega a uma população sem muita facilidade de checar os fatos. O resultado é calamitoso. O que é preciso para evitar o iminente colapso do espaço de informação necessário para uma democracia são professores e jornalistas investigativos honestos e destemidos. É por isso que ambos são alvos dos autoritários.

Enquanto redijo o epílogo, estou a caminho da Ucrânia, onde darei aulas sobre este livro para estudantes universitários na Escola de Economia de Kyiv. Os ucranianos estão numa luta mortal em defesa de sua incipiente democracia contra uma ameaça fascista externa. Em nosso curso, abordaremos de que maneira a Ucrânia pode emergir com um sistema educacional democrático sadio, como base fundamental para sua democracia e não como meio de criar mitos de grandeza nacional e inocência nacional. Compararemos essas representações deturpadas no sistema educacional da Rússia com outras situações coloniais. Espero que os debates sejam acalorados e produtivos. Há muita coisa em jogo, tanto no campo de batalha, para sua sobrevivência como nação, quanto na imprensa e nas escolas, para sua sobrevivência como democracia.

A guerra Rússia-Ucrânia é um exemplo perfeito do fato de que a luta contra o fascismo é também uma luta contra a *fake history*, ou falsificação da história. Os livros didáticos russos representam os ucranianos como povo sem identidade histórica independente (e sem história de genocídio) e sem cultura ou língua própria. Representam a invasão da Ucrânia como ação justificada por múltiplas falsidades; que os ucranianos são fascistas, que os russos estão ajudando movimentos insurgentes dentro da Ucrânia, e assim por diante. Sem essas representações distorcidas, os russos não apoiariam essa guerra. E é nas escolas e universidades que se está combatendo essa história falseada. É por isso que estou indo à Ucrânia para dar aulas numa delas.

Este livro também é escrito às vésperas de uma eleição americana, que ameaça mergulhar meu país no autoritarismo, aparentemente de maneira voluntária, sem um regime fascista externo, como a Rússia, a nos ameaçar. O movimento autoritário está travando uma guerra contra a democracia americana em múltiplas frentes. Escolas, imprensa e adversários políticos são tachados de antiamericanos. Os direitos trabalhistas, a ação frente à mudança climática e os direitos das mulheres são restringidos em nome de valores supostamente americanos (o capitalismo e o cristianismo). A próxima fase é atacar a própria democracia, lançando-lhe a mesma pecha. Cabe a nós restantes definir uma versão diferente dos Estados Unidos, que conduza à democracia e ao florescimento humano e que justifique um papel no mundo como exemplo, e não como alerta.

Nessas páginas, tento honrar os múltiplos legados de meus filhos, que são descendentes diretos de americanos negros escravizados, de quicuios e de sobreviventes do Holocausto, bebendo em todas as tradições intelectuais em intersecção com essas experiências. Os laços de família e amizade são meus alicerces de fundação. São uma base para construir o mútuo reconhecimento do fato de que, afinal, todos nós fazemos parte da mesma família humana.

Agradecimentos

Este livro, como deve ter ficado claro ao longo dele, foi escrito como um prolongamento do trabalho de meu pai, Manfred Stanley, que faleceu em 2004. Tenho uma grande dívida para com ele. De minha mãe, Sara Stanley, herdei a persistência para levar a cabo meus projetos (e, caso eu me esqueça, ela me lembra diariamente que um projeto não concluído, em certo sentido, nunca foi iniciado). As experiências de vida de meus pais durante o trauma do nazismo e do stalinismo também moldaram este livro de várias e óbvias maneiras. Minha madrasta, Mary Stanley, tem sido uma enorme influência intelectual para mim ao longo das décadas. Ela leu e comentou tudo o que escrevi ultimamente, inclusive este livro. Sou devedor a ela por sua capacidade de canalizar e me transmitir seu legado intelectual, bem como o senso de responsabilidade de lhe dar prosseguimento.

Conheci Tim Snyder em 2015, e desde então mantemos uma conversa constante. Essas discussões, bem como nossos seminários que ministramos em conjunto, moldaram a tal ponto meu pensamento que não tenho palavras para agradecer.

O trabalho de Kimberlé Crenshaw foi essencial para mim. Aprendi muitíssimo com suas décadas de reflexão e ativismo nessas questões. Ela é meu modelo de ativismo informado pela teoria e de teoria informada pelo ativismo.

Tenho a sorte de contar com uma equipe extraordinária de amigos que também são meus colegas de Yale. Marci Shore leu alguns dos rascunhos iniciais do livro e fez intervenções fundamentais. Na verdade, nenhuma outra intervenção para melhorar este livro foi tão expressiva ou importante quanto as de Marci. Além de Marci Shore e Tim Snyder, meus interlocutores mais frequentes, as ideias neste livro foram ventiladas e testadas em conversas ao longo dos anos com Jack Balkin, Robin Dembroff, Roderick Ferguson, Elizabeth Hinton e Tracey Meares. Sem eles, não teria sido possível nada que se parecesse com este livro. Além disso, Ned Blackhawk ofereceu uma ajuda fundamental na história americana indígena e em discussões sobre o colonialismo, e Caleb Smith me ajudou com conselhos sobre a forma de encaixar minha vida na minha teoria. Por último e, certamente, não menos importante, aprendi muito com discussões com Chinmayi Arun sobre temas que iam desde os espaços de informação da Índia e Mianmar a posições teóricas na filosofia da propaganda.

Outros colegas em Yale me ajudaram a me tornar um acadêmico capaz de escrever sobre tais questões. Mira Debs foi quem originalmente insistiu que eu ensinasse filosofia da educação e tem sido fonte de ajuda e percepções durante meus vários anos de transição para ser um filósofo da educação. Naftali Kaminski teve uma influência crucial nas partes deste livro sobre a história israelense, bem como Eliyahu Stern. Durante a redação, ocorreram protestos no campus em Yale. Naftali, Dara Strolovitch e Gregg Gonsalves me deram imensa ajuda para pensar como esses protestos informariam sobre os temas mais amplos do livro. Sou afortunado por ter todas essas pessoas como amigas e colegas.

As ideias para este livro foram se consolidando nos cursos que dei em Yale e nas teses que ajudei a orientar. Estou em dívida com todos meus estudantes. Entre eles, Angel Nwadibia, Taylor Carroll, Sachien Fernando, Carly Benson e Wren Wolterbeek se destacam como os que mais especificamente me ajudaram com as ideias aqui apresentadas.

Grace Ellis não foi minha aluna, mas seus conselhos e seus conhecimentos de fundo moldaram minha discussão do livro didático *American Pageant*.

O curso que pela primeira juntou as partes deste livro, curiosamente, não foi ministrado em Yale. Foi um curso sobre o colonialismo e o fascismo ministrado na Escola de Economia de Kyiv no verão de 2023, o segundo verão da guerra da Rússia na Ucrânia, em oito aulas seguidas de várias horas cada (duas das quais tiveram de ser dadas num abrigo antiaéreo). Agradeço aos vários estudantes que participaram do curso, e principalmente à minha assistente de ensino, Mariam Naiem.

Outros colegas fora de Yale também foram extremamente instrutivos. Sou profundamente grato a Susanna Siegel por me ajudar em minhas visões teóricas do fascismo. Benjamin Justice esteve presente desde o início de minha formação como filósofo da educação. Ben me ajudou com minha primeira ementa em filosofia da educação, cinco anos atrás, discorreu sobre os temas deste livro antes que eu o iniciasse, sugeriu leituras essenciais para mim e leu e comentou os primeiros rascunhos. David Beaver e eu tínhamos recentemente terminado um livro em que trabalháramos oito anos juntos, quando dei início a este. Meu trabalho com ele sem dúvida influenciou este trabalho aqui. Federico Finchelstein foi um inestimável interlocutor e coautor. Ele moldou, talvez mais do que qualquer outra pessoa, meu pensamento sobre o fascismo e o autoritarismo. As discussões com Anthea Butler sobre o nacionalismo cristão branco e com Jarvis Givens sobre a educação foram centrais para meu desenvolvimento intelectual. Estou em dívida com a obra pioneira de Henry Giroux sobre a pedagogia crítica, que moldou profundamente meu pensamento ao longo dos anos. Merve Emre me ajudou a estruturar minha proposta para o livro de várias formas essenciais. Por fim, Nicole Fleetwood sistematicamente me fez manter minha mão no fogo conceitual e ético durante a redação da maior parte do livro, com sua inteligência rápida e arguta me afastando de concessões que não eram fiéis nem à minha ética, nem a meus argumentos.

Durante a redação do livro, contratei duas auxiliares de pesquisa: Tentiana Kotelnykova me ajudou com os manuais escolares russos, e Peyton Aiken me ajudou com os americanos. Agradeço a elas e a Ena Alvarado, que auxiliou na checagem. Karen Thande me auxiliou com a discussão sobre as escolas do Quênia. Sou grato ao auxílio editorial de Connor Guy: suas contribuições numa época crítica trouxeram grandes melhorias ao manuscrito.

A publicação de um livro envolve muito trabalho importante, em larga medida invisível. Agradeço muito a meu editor, Nicholas Ciani, cuja contribuição jurídica e editorial foi inestimável, e a Julia Cheiffetz, que viu o caráter promissor inicial do livro. Sou profundamente grato a toda a equipe na One Signal Press, que ajudou o projeto a atravessar a linha de chegada e entrar no mundo: Alessandra Bastagli, Libby McGuire, Joanna Pinsker, Nicole Bond, Mark LaFlaur, Zakiya Jamal, e especial agradecimento a Hannah Frankel por sua orientação e seu apoio constantes.

Minha agente, Stephanie Steiker, tem sido minha maior paladina ao longo dos anos. Recorri muito a ela durante esse ano cheio de pressões porque era a pessoa com quem eu mais contava. Ela sempre e invariavelmente superou as expectativas.

Meus dois filhos, Emile e Alain, além de representarem um lembrete contínuo da importância deste livro, foram uma constante fonte de alegria durante sua redação.

Notas

Prefácio

1. Victoria Amelina, "Nothing Bad Has Ever Happened: A Tale of Two Genocides: The Holocaust and the Holodomor", *Irish Times*, 19 de maio de 2022, https://www.irishtimes.com/culture/books/nothing-bad-has-ever-happened-a-tale-of-two-genocides-the-holocaust-and-the-holodomor-1.4879627.

2. Jason Stanley, *How Fascism Works: The Politics of Us and Them* (Nova York: Penguin Random House, 2018) [*Como funciona o fascismo: A política do "nós" e "eles"*, trad. Bruno Alexander. Porto Alegre: L&PM, 2024].

3. Henry-Louis de la Grange, *Gustav Mahler*, vol. 2, *Vienna: The Years of Challenge (1897-1904)* (Nova York: Oxford University Press, 1995), pp. 172-4.

4. Ver "Ilse Stanley", *This Is Your Life*, 2 de novembro de 1955, https://www.youtube.com/watch?v=yYQTBwgGgdw, para uma conversa entre minha avó e Fritz Lang sobre seu papel em *Metrópolis* e como ele ficara sabendo dela (início aos 11:40).

5. Rahel Jaeggi, *Critique of Forms of Life* (Cambridge, MA: Harvard University Press, 2018).

6. Secretaria da Educação da Flórida, *2022-2023 K-12 Social Studies Examples of Rejected Materials*, https://www.fldoe.org/academics/standards/instructional-materials/2223-k12-ss-examples.stml.

1. Como criar uma autocracia

1. Mary Ilyushina, "To please Putin, universities purge liberals and embrace patriots", *Washington Post*, 7 de maio de 2024, https://www.washingtonpost.com/world/2024/05/07/russia-universities-education-putin-overhaul/.

2. Toni Morrison, “Racism and Fascism”, in *The Source of Self-Regard: Selected Essays, Speeches, and Meditations* (Nova York: Alfred A. Knopf, 2019) [“Racismo e Fascismo”, trad. Jório Dauster, in *Serrote*, 32, julho de 2019], pp. 14-6.

3. Carl Schmitt, *The Concept of the Political*, ed. ampliada, trad. George Schwab (Chicago: University of Chicago Press, 2007) [*O conceito do político / Teoria do* partisan, trad. Geraldo de Carvalho. Belo Horizonte: Del Rey, 2008], p. 27.

4. Elizabeth F. Cohen, *Semi-Citizenship in Democratic Politics* (Cambridge: Cambridge University Press, 2009).

5. Kimberlé Crenshaw, “Mapping the Margins: Intersectionality, Identity Politics, and Violence against Women of Color”, *Stanford Law Review* 43 n. 6 (julho de 1991): pp. 1241-99.

6. Elizabeth Hinton, *America on Fire: The Untold History of Police Violence and Black Rebellion since the 1960s* (Nova York: Liveright, 2021), p. 21.

7. Audre Lorde, “Age, Race, Class, and Sex: Women Redefining Difference”, in *Sister Outsider: Essays and Speeches* (Trumansburg, NY: Crossing Press Feminist Series, 1984) [*Irmã outsider: ensaios e conferências*, trad. Stephanie Borges. Belo Horizonte: Autêntica, 2019].

8. Ver Jill Colvin e Bill Barrow, “Trump's Vow to Only Be a Dictator on ‘Day One’ Follows Growing Worry over His Authoritarian Rhetoric”, *APnews.com*, 7 de dezembro de 2023, https://apnews.com/article/trump-hannity-dictator-authoritarian-presidential-election-f27e7e9d7c13fabbe3ae-7dd7f1235c72; e Anjali Huynh e Michael Gold, “Trump Says Some Migrants are ‘Not People’ and Predicts a ‘Blood Bath’ If He Loses”, *New York Times*, https://www.nytimes.com/2024/03/16/us/politics/trump-speech-ohio.html.

9. Peter Stone, “‘Openly Authoritarian Campaign’: Trump's Threats of Revenge Fuel Alarm”, *The Guardian*, 22 de novembro de 2023, https://www.theguardian.com/us-news/2023/nov/22/trump-revenge-game-plan-alarm.

10. “Donald J. Trump's Plan to Save American Education and Give Power Back to Parents”, 26 de janeiro de 2023, do site da campanha de Trump para 2024, https://www.donaldjtrump.com/agenda47/president-trumps-plan-to-save-american-education-and-give-power-back-to-parents.

11. American Association of University Professors, *Report of a Special Committee: Political Interference and Academic Freedom in Florida's Public Higher Education System*, https://www.aaup.org/report/report-special-committee-political-interference-and-academic-freedom-florida%E2%80%99s-public-higher.

12. Lisa Pine, *Education in Nazi Germany* (Londres: Bloomsbury, 2010), p. 42.

13. Elizabeth A. Harris e Alexandra Alter, “Book Bans Are Rising Sharply in Public Libraries”, *New York Times*, 21 de setembro de 2023, https://www.nytimes.com/2023/09/21/books/book-ban-rise-libraries.html.

14. “Putin Signs Law Expanding Russia’s Rules against ‘LGBT Propaganda’”, *Reuters*, 5 de dezembro de 2022, https://www.reuters.com/world/europe/putin-signs-law-expanding-russias-rules-against-lgbt-propaganda-2022-12-05/.

15. “Extracts from Putin’s Speech at Annexation Ceremony”, Reuters, 30 de setembro de 2022, https://www.reuters.com/world/extracts-putins-speech-annexation-ceremony-2022-09-30/.

16. Heron Greenesmith, “2023 Was the Year of Anti-trans Hysteria”, *In These Times*, 4 de dezembro de 2023, https://inthesetimes.com/article/nashville-tennessee-anti-transgender-hysteria-legislation-attacks-lgbtq.

17. Katalin Madácsi-Laube, “A New Era of Greatness: Hungary’s New Core Curriculum”, *Cultures of History Forum*, 28 de junho de 2020, https://www.cultures-of-history.uni-jena.de/politics/a-new-era-of-greatness-hungarys-new-core-curriculum#part4.

18. Nick Thorpe, “Hungary’s New Patriotic Education Meets Resistance”, *BBC.com*, 24 de fevereiro de 2020, https://www.bbc.com/news/world-europe-51612549.

19. David P. Goldman, “Fascist Lit and Hungary’s Future: L’affaire Nyirő”, *Tablet Magazine*, 16 de abril de 2020, https://www.tabletmag.com/sections/arts-letters/articles/hungary-viktor-orban-anti-semitism.

20. https://hungarytoday.hu/ministry-of-education-interior-ministry-new-hungarian-orban-ministry/.

21. Megan Brenan, “Americans’ Confidence in Higher Education Down Sharply”, *Gallup.com*, seção “Education” (11 de julho de 2023), https://news.gallup.com/poll/508352/americans-confidence-higher-education-down-sharply.aspx.

22. Anna Ceballos e Sommer Brugal, “Some Teachers Alarmed by Florida Civics Training Approach on Religion, Slavery”, *Tampa Bay Times*, 28 de junho de 2022, https://www.tampabay.com/news/florida-politics/2022/06/28/some-teachers-alarmed-by-florida-civics-training-approach-on-religion-slavery/.

23. https://www.foxnews.com/media/greg-gutfeld-you-know-we-got-problems-when-ayatollah-politicians-academia-all-sound-alike. Agradeço a Elizabeth Hinton por me indicar esse clipe.

24. Para uma notável apresentação do ataque fascista às universidades da Índia, ver Rahul Bhatia, *The New India: Modi, Nationalism, and the Unmaking of the World's Largest Democracy* (Nova York: Public Affairs, 2024).

25. https://time.com/6269349/india-textbook-changes-controversy--hindu-nationalism/.

26. https://henryjacksonsociety.org/wp-content/uploads/2021/03/Impact-SE.-Turkey-Erdogan.-JM.pdf.

27. "The Black Teacher Archive Launches at Harvard University", https://www.youtube.com/watch?v=tfibFyXVT3E.

2. Colonizando a mente

1. W.E.B. Du Bois, "The White Masters of the World", in *The World and Africa* [e] *Color and Democracy*, 11-27 (Oxford: Oxford University Press, 2007), p. 23.

2. Ngũgĩ wa Thiong'o, *Decolonizing the Mind: The Politics of Language in African Literature* (Londres: James Curry Press, 1986). [*Descolonizando a mente*, trad. Hilton Lima. Porto Alegre: Dublinense, 2025].

3. Caroline Elkins, *Imperial Reckoning: The Untold Story of Britain's Gulag in Kenya* (Nova York: Henry Holt, 2005).

4. Ibid., pp. 18-9.

5. Ngũgĩ wa Thiong'o, *Decolonizing the Mind* (Harare, Zimbábue: Zimbabwe Publishing House, 1981), p. 3.

6. Ngũgĩ wa Thiong'o, *Birth of a Dream Weaver: A Writer's Awakening* (Nova York: New Press, 2016), p. 25.

7. Thiong'o, *Decolonizing the Mind*, p. 9.

8. Aimé Césaire, *Discourse on Colonialism*, trad. Joan Pinkham (Nova York: Monthly Review Press, 1972) [*Discurso sobre o colonialismo*, trad. Cláudio Willer. São Paulo: Veneta, 2020], p. 14.

9. Timothy Snyder, *Black Earth: Holocaust as History and Warning* (Nova York: Tim Duggan Books, 2015) [*Terra negra: o Holocausto como história e advertência*, trad. Donaldson M. Garschagen. São Paulo: Companhia das Letras, 2016].

10. Lisa Pine, *Education in Nazi Germany* (Londres: Bloomsbury, 2010), pp. 48-9.

11. Elkins, *Imperial Reckoning*, p. 107.

12. Manfred Stanley, Notas de campo (manuscrito inédito).

13. David Wallace Adams, *Education for Extinction: American Indians and the Boarding School Experience, 1875-1928* (Lawrence: Kansas University Press, 1995), p. 184.

14. Ibid., p. 280.

15. Charles Augustus Goodrich, *The Child's History of the United States: Designed as a First Book of History for Schools* (Filadélfia: Thomas Cowperthwait, 1852), pp. 19-20.

16. Ibid., p. 281.

17. "History", site da Universidade de Hampton, https://home.hamptonu.edu/about/history/.

18. Gary Okihiro, *Island World: A History of Hawai'i and the United States* (Berkeley: University of California Press, 2008), p. 100.

19. Matthew Frye Jacobson, *Barbarian Virtues: The United States Encounters Foreign People at Home and Abroad* (Nova York: Hill and Wang, 2000), p. 250.

20. Okihiro cita Booker T. Washington: "Minha raça neste país nunca pode deixar de ser grata ao general Armstrong por tudo o que ele fez por meu povo e pela civilização americana. Sempre sentimos que muitas das ideias e muito da inspiração que ele usou para tão bom resultado, ele obteve no Havaí". Okihiro, *Island World*, p. 117.

21. W.E.B. Du Bois, *The Souls of Black Folk* (Chicago: A.C. McClurg, 1903) [*As almas do povo negro*, trad. Alexandre Boide. São Paulo: Veneta, 2021].

22. Segundo uma matéria da *CBS News*, a editora afirma que cinco milhões de estudantes por ano usam esse livro escolar. Jericka Duncan, Shannon Luibrand e Christopher Zawistowski, "Map in Widely Used US History Textbook Refers to Enslaved Africans as 'Immigrants'", *CBS Mornings*, 19 de fevereiro de 2020, https://www.cbsnews.com/news/the-american-pageant-map-in-widely-used-us-history-textbook-refers--to-enslaved-africans-as-immigrants-cbs-news/.

23. Thomas A. Bailey e David M. Kennedy, *The American Pageant: A History of the Republic*, 7ª ed. (Lexington, MA: D. C. Heath, 1983), p. 2.

24. Edições subsequentes desse livro escolar removeram a estatística extremamente enganosa sobre a população indígena durante a época da colonização europeia. Agradeço ao trabalho inédito de Grace Ellis, uma estudante de graduação em estudos americanos em Yale, em especial "Revising the American Pageant: These Historians Are Gone but Their Influence Is Not" (artigo inédito, Faculdade de Yale, dezembro de 2023).

25. David Ben-Gurion, cit. in Raz Kletter, *Just Past?: The Making of Israeli Archeology* (2006; reed., Nova York: Routledge, 2014), p. 46.

26. Noga Kadman, *Erased from Space and Consciousness: Israel and the Depopulated Palestinian Villages of 1948* (Bloomington: Indiana University Press, 2015), p. 40.

27. Kletter diz que a contagem depende da definição de "aldeia". Kletter, *Just Past?*, pp. 43-4.

28. Ver Kadman, *Erased from Space and Consciousness*, p. 71.

29. Shree Paradkar, "How Israel's 'Scholasticide' Denies Palestinians Their Past, Present, and Future", *Toronto Star*, 24 de janeiro de 2024, https://www.thestar.com/news/world/how-israels-scholasticide-denies-palestinians-their-past-present-and-future/article_8f52d77a-b648-11ee-863d-f3411121907b.html.

30. https://www.ohchr.org/en/press-releases/2024/04/un-experts-deeply-concerned-over-scholasticide-gaza.

31. Hannah Arendt, *The Origins of Totalitarianism* (Nova York: Harcourt Brace, 1951) [*Origens do totalitarismo*, trad. Roberto Raposo. São Paulo: Companhia das Letras, 2012]. O título remete ao totalitarismo, mas os temas, como antissemitismo e racismo, geralmente remetem ao fascismo.

3. O projeto nacionalista

1. Matthew Frye Jacobson, *Barbarian Virtues: The United States Encounters Foreign People at Home and Abroad* (Nova York: Hill and Wang, 2000), p. 261.

2. Johann Gottlieb Fichte, *Fichte: Addresses to the German Nation*, Cambridge Texts in the History of Political Thought, ed. Gregory Moore (Cambridge: Cambridge University Press, 2009) [*Discursos à nação alemã*, trad. Alexandre Franco de Sá. Lisboa: Círculo de Leitores, 2010], p. 58.

3. Benedict Anderson, *Imagined Communities: Reflections on the Origin and Spread of Nationalism* (Nova York: Verso Books, 1983) [*Comunidades imaginadas: Reflexões sobre a origem e a difusão do nacionalismo*, trad. Denise Bottmann. São Paulo: Companhia das Letras, 2008], p. 46.

4. Isaiah Berlin, "Herder and the Enlightenment", in *The Proper Study of Mankind* (Nova York: Farrar, Straus and Giroux, 1997) ["Herder e o Iluminismo", in *Estudos sobre a humanidade: uma antologia de ensaios*, trad. Rosaura Eichenberg. São Paulo: Companhia das Letras, 2002], p. 411-2.

5. Ibid., p. 359.

6. Ned Blackhawk, *The Rediscovery of America: Native Peoples and the Unmaking of U.S. History* (New Haven, CT: Yale University Press, 2023), p. 221.

7. "Christopher Columbus: Explorer of the New World", PragerU Kids, vídeo no YouTube, 13:02, https://www.youtube.com/watch?v=ux54IJ06uHg.

8. Bartolomé de las Casas, *A Short Account of the Destruction of the Indies*

(1552; reed., Nova York: Penguin Books, 1992) [*O Paraíso destruído: brevíssima relação da destruição das Índias*, trad. Heraldo Barbuy. Porto Alegre: L&PM, 2021].

9. Agradeço a Elizabeth Hinton por me indicar esse material.

10. Candace Owens, "A Short History of Slavery", PragerU, 5:35, https://www.prageru.com/video/a-short-history-of-slavery.

11. Ibid.

12. Thomas Maitland Marshall, *American History* (Nova York: Macmillan, 1936), p. 458.

13. Ibid.

14. Blackhawk (2023), p. 223.

15. Hannah Arendt, *The Origins of Totalitarianism* (Nova York: Harcourt Brace, 1951) [*Origens do totalitarismo*, trad. Roberto Raposo. São Paulo: Companhia das Letras, 2012], pp. 178-9.

16. Christophe Jaffrelot, *Modi's India: Hindu Nationalism and the Rise of Ethnic Democracy* (Princeton, NJ: Princeton University Press, 2021), p. 169.

17. Ibid., p. 171.

18. *Politics in India since Independence*, National Council of Educational Research and Training (NCERT), livro didático para o último ano do ensino médio (PDF), p. 12, https://ncert.nic.in/textbook.php?leps2=1-8.

19. Hadeel S. Abu Hussein, *The Struggle for Land under Israeli Law: An Architecture of Exclusion* (Nova York: Routledge, 2023).

20. Vladimir Putin, "On the Historical Unity of Russians and Ukrainians", site do presidente da Rússia, 12 de julho de 2021, http://en.kremlin.ru/events/president/news/66181.

21. Ibid.

22. Anderson, *Imagined Communities*, p. 74.

23. V. A. Beldyugin, S. V. Probeigola e Y. R. Fedorovsky, *History of the Homeland: Lecture Course* (Luhansk: Publishing House of Vasyl'Stus Donetsk National University, 2017). Agradeço a Tentiana Kotelnykova por sua tradução.

24. L.M. Lyashenko, O.V. Volobuev e Igor Lvovich Andreeve, *History of Russia* para o segundo ano do ensino médio, partes 1 e 2, nível avançado, da série *In-Depth*, aprovado pelo Ministério da Educação, 2022. Agradeço a Tentiana Kotelnykova por sua tradução.

25. Ibid., p. 309. Agradeço a Tentiana Kotelnykova por sua tradução.

26. Relatório sobre o Massacre de Ruanda, Human Rights Watch, acessado em 15 de abril de 2024, https://www.hrw.org/reports/1999/rwanda/Geno1-3-04.htm.

27. J.A. Hobson, *Imperialism: A Study* (1902; reed., Londres: Allen & Unwin, 1954), p. 10.

28. Ibid., p. 11.

29. "O exército nunca foi, e tenho certeza de que nunca será ou poderá ser, uma ameaça a ninguém, a não ser aos inimigos dos Estados Unidos, ou coisa alguma senão fonte de orgulho para todos os bons e previdentes americanos", in Presidente Theodore Roosevelt, *The Ship of State, by Those at the Helm* (Boston: Ginn, 1903), p. 27.

30. Em sua obra fundamental de 2017, *Red Famine: Stalin's War on Ukraine* (Nova York: Doubleday, 2017) [*A Fome Vermelha: A guerra de Stálin na Ucrânia*, trad. Joubert de Oliveira Brizida. Rio de Janeiro: Record, 2017], a historiadora Anne Applebaum apresentou Holodomor aos olhos do mundo.

31. Por exemplo: "Em 1932-1933, houve fome na Ucrânia, no norte do Cáucaso, na região do Volga, no Cazaquistão e em outras áreas da União Soviética. Ela foi causada basicamente pelo novo sistema administrativo (pelo sistema, não por ordem de Stálin), agravada pelas safras ruins. Em consequência disso, os camponeses não conseguiram atender às demandas crescentes de cereais por parte do estado". In: M. Yu, *Russian History: The Early 20th Century Essentials*, ed. V.R. Medinsky, livro didático para o segundo ano do ensino médio, 2ª ed. em formato PDF, com contribuições de A.V. Shubin, Yu Myagkov, A. Nikiforov e outros, incluindo revisões, ilustrações e mapas (Moscou: Education, 2022), 431 páginas.

32. Este é o tema do livro clássico de Christopher Browning, *Ordinary Men: Reserve Police Battalion 101 and the Final Solution in Poland* (Nova York: HarperCollins, 1992) [*Homens comuns: O batalhão de polícia da reserva 101 e a solução final na Polônia*, trad. Ricardo Harada. Campinas, Vide Editorial, 2023].

33. Frantz Fanon, "On Violence", in *The Wretched of the Earth* (1963; reed., Nova York: Grove Press, 2004) ["Da violência", in *Os condenados da terra*, trad. José Laurenio de Melo. Rio de Janeiro: Civilização Brasileira, 1968], p. 51.

34. Émile Durkheim, *Moral Education: A Study in the Theory and Application of the Sociology of Education* (Nova York: Free Press, 1973) [*A educação moral*, trad. Raquel Weiss. Petrópolis: Vozes, 2008], p. 77, publicado inicialmente em francês em 1925, baseando-se em aulas dadas em 1902-1903.

4. Do supremacismo ao fascismo

1. Adolf Hitler, *Mein Kampf* (Nova York: Houghton Mifflin, 1971), 288.

2. Ibid., p. 414.

3. George L. Mosse, "Race and Sexuality: The Role of the Outsider", *Nationalism and Sexuality: Middle-Class Morality and Sexual Norms in Modern Europe*, 140-57 (Madison: University of Wisconsin Press, 1985), p. 147. Agradeço a Angelika Kratzer por me apontar a importância de Hirschfeld para entender aquele momento político.

4. Brian Puaca, *Learning Democracy: Education Reform in West Germany, 1945-1965* (Nova York: Berghahn Books, 2009), p. 20.

5. Lisa Pine, *Education in Nazi Germany* (Londres: Bloomsbury, 2010), p. 26.

6. Hitler, *Mein Kampf*, p. 34.

7. Gilmer W. Blackburn, *Education in the Third Reich: Race and History in Nazi Textbooks* (Albany: State University of New York Press, 1985), prefácio.

8. Hitler, *Mein Kampf*, p. 424.

9. Edward Eggleston, *A First Book in American History* (Nova York: American Book Co., 1889), pp. iii-iv.

10. "Remarks by President Trump at the White House Conference on American History", 17 de setembro de 2020, acessado em 15 de abril de 2024, https://trumpwhitehouse.archives.gov/briefings-statements/remarks-president-trump-white-house-conference-american-history/.

11. Sarah Churchwell, *Behold, America: The Entangled History of "America First" and "The American Dream"* (Nova York: Basic Books, 2018).

12. Hitler, *Mein Kampf*, p. 123.

13. Hitler, *Mein Kampf*, 286. Como prova disso, Hitler recorre à suposta superioridade da América do Norte em relação à América Central e do Sul, que ele atribui à suposta ausência de miscigenação entre as populações arianas e não arianas na América do Norte.

14. "Com toda sua perseverança e habilidade, ele se apodera da [imprensa]. Com ela, aos poucos ele começa a aliciar e controlar, a guiar e conduzir toda a vida pública, pois está em posição de criar e direcionar aquele poder que, sob o nome de 'opinião pública', hoje é mais conhecido do que algumas décadas atrás." Hitler, *Mein Kampf*, p. 315.

15. Hitler, *Mein Kampf*, p. 325.

16. Greg Grandin, "Slavery, and American Racism, Were Born in Genocide", *The Nation*, 20 de janeiro de 2020.

17. The President's Advisory 1776 Commission, *The 1776 Report*, janeiro de 2021, https://trumpwhitehouse.archives.gov/wp-content/uploads/2021/01/The-Presidents-Advisory-1776-Commission-Final-Report.pdf.

18. Ibid.

19. Jorge Renaud, "Eight Keys to Mercy: How to Shorten Prison Sentences", Prison Policy Initiative, novembro de 2018, https://www.prisonpolicy.org/reports/longsentences.html.

20. Wendy Sawyer e Peter Wagner, "Mass Incarceration: The Whole Pie 2024", Prison Policy Initiative, 14 de março de 2024, https://www.prisonpolicy.org/reports/pie2024.html.

21. Ibid.

22. Emily Widra e Tiana Herring, "States of Incarceration: The Global Context 2021", Prison Policy Initiative, setembro de 2021, https://www.prisonpolicy.org/global/2021.html.

23. Sam Levine e Andrew Witherspoon, "Revealed: Florida Republicans target voter registration groups with thousands in fines", *The Guardian*, 13 de julho de 2023, https://www.theguardian.com/us-news/2023/jul/13/florida-fines-voter-registration-groups.

24. Ian Millhiser, "How America Lost Its Commitment to the Right to Vote", *Vox*, 21 de julho de 2021, https://www.vox.com/22575435/voting-rights-supreme-court-john-roberts-shelby-county-constitution--brnovich-elena-kagan.

25. Ver, p. ex., Jonathan Metzl, *The Protest Psychosis: How Schizophrenia became a Black Disease* (Boston: Beacon Press, 2009).

26. Claudia Koonz, *Mothers in the Fatherland: Women, the Family, and Nazi Politics* (Nova York: St. Martin's Press, 1968), p. 48.

27. "Hitler's Speech to the National Socialist Women's League (September 8, 1934)", *German History in Documents and Images*, German Historical Institute, Washington, DC, https://ghdi.ghi-dc.org/subdocument.cfm?documentid=1557.

28. Victoria de Grazia, *How Fascism Ruled Women: Italy 1922-45* (Berkeley: University of California Press, 1992), pp. 43-4.

29. Nancy MacLean, *Behind the Mask of Chivalry: The Making of the Second Ku Klux Klan* (Nova York: Oxford University Press, 1994).

30. Udi Greenberg, "Gender and the Radical Right's Departures from Fascism", reed. in Daniel Steinmetz-Jenkins (org.), *Did It Happen Here?: Perspectives on Fascism in America* (Nova York: W.W. Norton, 2024), pp. 298-304.

31. Alguns teóricos políticos democráticos deixaram lamentavelmente de entender o papel central da igualdade, principalmente da igualdade entre os sexos, para uma cultura democrática. Ver o último capítulo de *Emílio*, de Rousseau.

32. Masha Gessen, *The Future Is History: How Totalitarianism Reclaimed Russia* (Nova York: Riverhead, 2017).

33. American Association of University Professors, *Report of a Special Committee: Political Interference and Academic Freedom in Florida's Public Higher Education System*, 23 de dezembro, https://www.aaup.org/file/AAUPFlorida final.pdf.

34. Movement Advancement Project, "Under Fire: Erasing LGBTQ People from Schools and Public Life, Movement", março de 2023, https://www.mapresearch.org/file/MAP-Under-Fire-Erasing-LGBTQ-People 2023.pdf.

35. Patricia Mazzei, "Legal Settlement Clarifies Reach of Florida's 'Don't Say Gay' Law", *New York Times*, 11 de março de 2024, https://www.nytimes.com/2024/03/11/us/florida-dont-say-gay-law-settlement.html.

36. Agradeço a Elena Kostuchenko por essa discussão.

37. "The American Left: From Liberalism to Despotism", Hillsdale College, https://online.hillsdale.edu/landing/american-left.

38. Moira Weigel, "Hating Theory: 'Cultural Marxism,' 'CRT,' and the Power of Media Affects", *International Journal of Communication* 17 (2023): pp. 6504-24.

5. Antieducação

1. Do tuíte de Tom Cotton no X, 2 de janeiro de 2024, acessado em 15 de abril de 2024, https://twitter.com/TomCottonAR/status/1742271547493019657.

2. "'Somehow She's the Victim?': DeSantis Lays In to Claudine Gay After Resignation As Harvard President", *Forbes Breaking News* no YouTube, https://www.youtube.com/watch?v=Scnt-uGQLA.

3. Ted Cruz, *Unwoke: How to Defeat Cultural Marxism in America* (Washington, DC: Regnery, 2023).

4. Ver a página "Education" no site da congressista Elise Stefanik, https://stefanik.house.gov/education.

5. Convenção para a Prevenção e Punição do Crime de Genocídio, https://www.un.org/en/genocideprevention/documents/atrocity-crimes/Doc.1_Convention%20on%20the%20Prevention%20and%20Punishment%20of%20the%20Crime%20of%20Genocide.pdf.

6. Instituto de História Americana Gilder Lehrman, "Ronald Reagan on the unrest on college campuses, 1967", https://www.gilderlehrman.org/history-resources/spotlight-primary-source/ronald-reagan-unrest-college-campuses-1967.

7. Instituto de História Americana Gilder Lehrman, https://www.gilderlehrman.org/sites/default/files/content-images/04929p1.web.jpg.

8. Stephanie Saul, Alan Blinder, Anemona Hartocollis e Maureen Farrell, "Penn's Leadership Resigns amid Controversies over Antisemitism", *New York Times*, 9 de dezembro de 2023, https://www.nytimes.com/2023/12/09/us/university-of-pennsylvania-president-resigns.html.

9. Reeves Weideman, "Raging Bill", *New York Magazine*, 12 de fevereiro de 2024, https://nymag.com/intelligencer/article/bill-ackman-war-harvard-mit-dei-claudine-gay.html.

10. Elise Stefanik, "Statement on Long Overdue Resignation of Harvard President", 2 de janeiro de 2024, https://stefanik.house.gov/2024/1/statement-on-long-overdue-resignation-of-harvard-president.

11. Página de Claudine Gay, reitora da Universidade Harvard, acessada em 15 de abril de 2024, https://facultyresources.fas.harvard.edu/claudine-gay-1.

12. John McWhorter, "We Need a New Word for 'Plagiarism'", *New York Times*, 23 de janeiro de 2024, https://www.nytimes.com/2024/01/23/opinion/plagiarism-claudine-gay-ackman-oxman.html.

13. Ver entrevista de Ian Ward com Christopher Rufo, *Politico*, 3 de janeiro de 2024, https://www.politico.com/news/magazine/2024/01/03/christopher-rufo-claudine-gay-harvard-resignation-00133618.

14. Sameer Yasir, "'It Is Suffocating': A Top Liberal University Is under Attack in India", *New York Times*, 10 de fevereiro de 2024, https://www.nytimes.com/2024/02/10/world/asia/india-bjp-jnu.html.

15. Geeta Pandey, "Pinjra Tod: Freed India activists talk about hope and despair in jail", *BBC.com*, 29 de junho de 2021, https://www.bbc.com/news/world-asia-india-57648106.

16. Shreya Basak, "Revisiting Pratap Bhanu Mehta's Resignation As Ashoka University Faces Heat over Electoral Manipulation Paper", *Outlook*, 11 de agosto de 2023, https://www.outlookindia.com/national/revisiting-pratap-bhanu-mehta-s-resignation-as-ashoka-university-faces-heat-over-electoral-manipulation-paper-news-309791.

17. Yasir, "'It Is Suffocating'".

18. Karen Fischer, "A Playbook for Knocking Down Higher Ed", *Chronicle of Higher Education*, 18 de outubro de 2022, https://www.chronicle.com/article/a-playbook-for-knocking-down-higher-ed.

19. Henry Reichman, "The Professors Are the Enemy", https://www.chronicle.com/article/the-professors-are-the-enemy?sra=true.

20. Theodoric Meyer, Maggie Severns e Meredith McGraw, "'The Tea Party to the 10th Power': Trumpworld Bets Big on Critical Race Theory", *Politico*, 23 de junho de 2021, https://www.politico.com/news/2021/06/23/trumpworld-critical-race-theory-495712.

21. Project 2025, "180-Day Playbook", https://www.project2025.org/playbook/.

22. Michael Kruse, "DeSantis' Culture Warrior: 'We Are Now over the Walls'", *Politico*, 24 de março de 2023, https://www.politico.com/news/magazine/2023/03/24/chris-rufo-desantis-anti-woke-00088578.

23. Associação Americana de Professores Universitários, *Report of a Special Committee: Political Interference and Academic Freedom in Florida's Public Higher Education System*, dezembro de 2023, https://www.aaup.org/report/report-special-committee-political-interference-and-academic-freedom-florida%E2%80%99s-public-higher.

24. Ibid.

25. Ibid.

26. É, portanto, uma enorme hipocrisia que as forças ligadas a DeSantis façam a defesa da "meritocracia" para decisões sobre as reitorias das universidades, em vista do que está ocorrendo sob DeSantis.

27. A família DeVos está empenhada "há décadas em direcionar o dinheiro dos contribuintes para escolas particulares". Ver Koby Levin e Tracie Mauriello, "DeVos-Funded Campaign for School Voucher-like plan Withdraws Petitions in a Sign of Defeat", *Chalkbeat*, 9 de janeiro de 2023, https://www.chalkbeat.org/detroit/2023/1/9/23547548/michigan-devos-school-choice-private-schools-petitions-withdrawn-let-mi-kids-learn/.

28. Noam Scheiber, "Betsy DeVos, Trump's Education Pick, Plays Hardball with Her Wealth", *New York Times*, 7 de janeiro de 2017, https://www.nytimes.com/2017/01/09/us/politics/betsy-devos-education-secretary.html.

29. Andy Kroll, "Behind Michigan's 'Financial Martial Law': Corporations and Right-Wing Billionaires", *Mother Jones*, 23 de março de 2011, https://www.motherjones.com/%20politics/2011/03/michigan-snyder-mackinac-center/.

30. Anna Clark, "Michigan Still Allows Emergency Takeovers of Local Governments", *ProPublica*, 11 de julho de 2023, https://www.propublica.org/article/michigan-emergency-takeovers-flint-detroit.

31. Matt Apuzzo, "Blackwater Guards Found Guilty in 2007 Iraq Killings", *New York Times*, 22 de outubro de 2014, https://www.nytimes.com/2014/10/23/us/blackwater-verdict.html.

32. Jon Schwarz, "Erik Prince Calls for U.S. to Colonize Africa and Latin America", *The Intercept*, 10 de fevereiro de 2024, https://theintercept.com/2024/02/10/erik-prince-off-leash-imperialism-colonialism/.

33. Melinda Cooper, *Family Values: Between Neoliberalism and the New Social Conservatism* (Nova York: Zone Books, 2017).

34. Ibid., p. 72.

6. Educação clássica

1. W.E.B. Du Bois, *The Souls of Black Folk* (Chicago, A. C. McClurg & Co., 1903) [*As almas do povo negro*, trad. Alexandre Boide. São Paulo: Veneta, 2021], p. 55.

2. Toni Morrison, "Unspeakable Things Unspoken: The Afro-American Presence in American Literature", in *The Source of Self-Regard: Selected Essays, Speeches, and Meditations* (Nova York: Alfred A. Knopf, 2020) [*A fonte da autoestima: ensaios, discursos e reflexões*, trad. Odorico Leal. São Paulo: Companhia das Letras, 2020], p. 169.

3. Aristóteles, *Política*, livro 1, parte 5.

4. LaToya Baldwin Clark argumenta de forma persuasiva que o objetivo central das leis contra a teoria crítica da raça nos Estados Unidos é preservar a inocência dos brancos – e utiliza isso para vincular ao movimento "Parents' Rights". Ver LaToya Baldwin Clark, "The Critical Racialization of Parents' Rights", *Yale Law Journal* 113 (2023): pp. 3003-66.

5. Adolf Hitler, *Mein Kampf* (Nova York: Houghton Mifflin, 1971), p. 423.

6. George L. Mosse, *The Crisis of German Ideology: Intellectual Origins of the Third Reich* (1964; reed., Madison: University of Wisconsin Press, 2021), p. 71.

7. Ver a listagem dos cursos no site da Faculdade de Hillsdale, https://online.hillsdale.edu/course-list.

8. Ver trailer em vídeo do curso "American Civilization and Its Decline", oferecido pela Faculdade de Hillsdale, https://online.hillsdale.edu/landing/american-citizenship-and-its-decline.

9. Sobre o paradigma civilização-selvageria, ver David Wallace Adams, *Education for Extinction: American Indians and the Boarding School Experience, 1875-1928* (Lawrence: Kansas University Press, 1975), e minha discussão anterior no capítulo 2.

10. Platão, *República*, in *Plato: Collected Works*, ed. John M. Cooper (Indianápolis: Hackett, 1997), pp. 971-1223.

11. Ver Daniel HoSang e Joseph Lowndes, *Producers, Parasites, Patriots: Race and the New Right-Wing Politics of Precarity* (Minnesota: University of Minnesota Press, 2019).

12. Nikolaus Wachsmann, *KL: A History of the Nazi Concentration Camps* (Nova York: Farrar, Straus and Giroux, 2015), p. 243.

13. Platão, *República*, 338c.

14. Tucídides, *The History of the Peloponnesian War* (Nova York: Penguin Books, 1988) [*História da Guerra do Peloponeso*, trad. Mário da Gama Kury. Brasília: EdUnB, 1986], livro 2, capítulo 6.

15. Ibid., livro 3, capítulo 4.

16. Projeto Discurso Perigoso, *Dangerous Speech: A Practical Guide*, 19 de abril de 2021, https://dangerousspeech.org/guide/.

17. "Tomarão conta das crianças que forem nascendo as autoridades para esse fim constituídas, quer sejam homens ou mulheres, ou uns e outros, uma vez que os postos de comando são comuns a homens e mulheres." Platão, *A república*, 460b [trad. Carlos Alberto Nunes. 3ª ed. Belém: EDUFPA, 2000].

18. Platão, *Symposium*, in *Plato: Collected Works* [*O banquete*, trad. Donaldo Schüler. Porto Alegre: L&PM, 2009], pp. 457-505.

19. Toni Morrison, "Black Matter(s)", in *The Source of Self-Regard*, p. 147.

20. Charles W. Mills, *The Racial Contract* (Ithaca, NY: Cornell University Press, 1997) [*O contrato racial*, trad. Teófilo Reis e Breno Santos. Rio de Janeiro: Zahar, 2023], pp. 59-60.

21. Nicole R. Fleetwood, *Marking Time: Art in the Age of Mass Incarceration* (Cambridge, MA: Harvard University Press, 2020), p. 29.

22. Mills, *The Racial Contract*.

23. Markovits sustentou esse aspecto num seminário de Teoria Jurídica em Yale com o filósofo não binário Emmalon Davis, em novembro de 2023.

24. Louise Antony, "The Importance of Being Partial: The Constructive Role of Bias in Human Life", *The Amherst Lecture in Philosophy* 15 (2022): 3, https://www.amherstlecture.org/antony2022/antony2022ALP.pdf.

25. No capítulo 7 de David Beaver e Jason Stanley, *The Politics of Language* (Princeton, NJ: Princeton University Press, 2023), sustentamos que o ideal de neutralidade é incoerente.

26. Charles Mills, "Black Radical Kantianism", *Res Philosophica* 95.1 (janeiro de 2018): pp. 1-33.

27. Alasdair MacIntyre, *Whose Justice? Which Rationality?* (Notre Dame, IN: University of Notre Dame Press, 1988).

7. Recuperando a história

1. A Memorial recebeu o Prêmio Nobel da Paz em 2022, https://www.nobelprize.org/prizes/peace/2022/memorial/facts/.

2. Ver Andrew Higgins, "He Found One of Stalin's Mass Graves. Now He's in Jail", *New York Times*, 27 de abril de 2020, https://www.nytimes.

com/2020/04/27/world/europe/russia-historian-stalin-mass-graves.html; e Alexander Marrow e Anton Kolodyazhnyy, "Russian Court Extends Jail Term for Gulag Historian to 15 Years", *Reuters*, 27 de dezembro de 2021, https://www.reuters.com/world/europe/russian-court-extends--jail-term-gulag-historian-15-years-2021-12-27/.

3. James W.C. Pennington, *A Text Book of the Origin and History, &c. &c. of the Colored People* (Hartford, CT: L. Skinner, 1841).

4. *Anton Wilhelm Amo's Philosophical Dissertations on Mind and Body*, ed. Stephen Menn e Justin E. H. Smith (Oxford: Oxford University Press, 2022).

5. Jarvis Givens, *Fugitive Pedagogy: Carter G. Woodson and the Art of Black Teaching* (Cambridge: Harvard University Press, 2023), p. 127.

6. Citação que Du Bois atribui a um sr. Woodward, em seu livro *Meet General Grant*, à p. 716 de *Black Reconstruction in America* (1935; reed., Nova York: The Free Press, 1992).

7. Du Bois, *Black Reconstruction in America*, p. 121.

8. "Baltimore mayor faces racist attacks after bridge collapse", *NPR*, 4 de abril de 2024, https://www.npr.org/2024/04/04/1242294070/baltimore--key-bridge-mayor-brandon-scott-racist-attacks.

9. Du Bois, *Black Reconstruction in America*, p. 714.

10. Manny Fernandez e Christine Hauser, "Texas Mother Teaches Textbook Company a Lesson on Accuracy", *New York Times*, 5 de outubro de 2015, https://www.nytimes.com/2015/10/06/us/publisher-promises--revisions-after-textbook-refers-to-african-slaves-as-workers.html?r=0.

11. Antonio Planas, "New Florida Standards Teach Students That Some Black People Benefited from Slavery Because It Taught Useful Skills", *NBC News online*, 20 de julho de 2023, https://www.nbcnews.com/news/us-news/new-florida-standards-teach-black-people-benefited-slavery--taught-usef-rcna95418.

12. Carter Godwin Woodson, *The Mis-education of the Negro* (1933; reed., Nova York: Tribeca Books), p. 17.

13. Ibid., p. 18.

14. "Remarks by President Trump at the White House Conference on American History", 17 de setembro de 2020, acessado em 15 de abril de 2024,

https://trumpwhitehouse.archives.gov/briefings-statements/remarks--president-trump-white-house-conference-american-history/.

15. Jomo Kenyatta, *Facing Mount Kenya: The Tribal Life of the Kikuyu* (Londres: Secker and Warburg, 1938).

16. Kyle Whitmire, "Alabama Archives Hosted an LGBTQ Speaker. Now Lawmakers Want the Board Fired", *AL.com*, 10 de janeiro de 2024, https://www.al.com/opinion/2024/01/alabama-archives-hosted-an--lgbtq-speaker-now-lawmakers-want-the-board-fired.html.

17. Manfred Stanley, "The Mystery of the Commons: On the Indispensability of Civic Rhetoric", *Social Research* 50, nº 4 (inverno de 1983).

18. Ibid., p. 871.

19. Ibid., pp. 872-3.

20. Ver "Murder of the Jews of Poland", Yad Vashem, https://www.yadvashem.org/holocaust/about/fate-of-jews/poland.html.

21. "Poland", Institute for Jewish Policy Research, https://www.jpr.org.uk/countries/how-many-jews-in-poland.

22. Magdalena J. Zaborowska, "The Borderland Foundation in Sejny, Poland", *Journal of the International Institute* 16, nº 2 (primavera de 2009), https://quod.lib.umich.edu/j/jii/4750978.0016.207/—borderland-foundation-in-sejny-poland?rgn=main;view=fulltext.

23. Howard Zinn, *A People's History of the United States: 1492-Present* (Nova York: HarperCollins, 1980).

24. "Remarks by President Trump at the White House Conference on American History", National Archives Museum, 17 de setembro de 2020, https://trumpwhitehouse.archives.gov/briefings-statements/remarks-president-trump-white-house-conference-american-history/.

25. "About the Zinn Education Project", Zinn Education Project: Teaching People's History, https://www.zinnedproject.org/about/.

Epílogo

1. Pranshu Verma e Cat Zakrzewski, "AI deepfakes threaten to upend global elections. No one can stop them", *Washington Post*, 23 de abril de 2024, https://www.washingtonpost.com/technology/2024/04/23/ai-deepfake-election-2024-us-india/.

Índice remissivo

lepmeditores

www.lpm.com.br
o site que conta tudo

Impresso na Gráfica COAN
Tubarão, SC, Brasil